JN048488

a sunny spot

シンプルで着やすい
まいにち服

村田繭子

KADOKAWA

Contents

One-piece & Tops

Daily bottoms
まいにちのパンツとスカート

★本書に掲載の作品を複製して販売することは禁止されています。手づくりを楽しむためのみにご利用ください。

Pattern B

Gathered blouse

ギャザーブラウス

How to make : P.38 (Lesson)

身頃にたっぷりとギャザーを寄せて。さらっと着られるおしゃれブラウス。

Pattern B

Gathered blouse with round collar

丸襟ギャザーブラウス

How to make : P.44

4ページのブラウスを長袖、後ろあきにして、
丸襟をプラス。ほんのりガーリーに。

Pattern **A**

Daily dress

ローウエストの
デイリーワンピース

How to make : P.46

肩落ち、ローウエストのゆるいシルエットが着やすい、後ろあきのシンプルワンピース。a sunny spot で長く愛されている形です。

Detail
後ろボタン。

Pattern **C**

Flare blouse

5分パフスリーブの
フレアブラウス

How to make : P.50

肩落ちしたフレアなシルエットに5分丈のパフスリーブ。ちょっぴり甘めの着心地のよいブラウス。

Detail
共布くるみボタン。

Detail
パフスリーブ。

9

Pattern **A**

Simple dress

長袖のシンプルワンピース

How to make : P.48

6 ページのワンピースを、前あき、長袖にアレンジ。前をあけて羽織りとして着ても素敵です。

Arrange style
さっと、羽織って。

Pattern A

Short sleeve blouse

ロールアップ半袖ブラウス

How to make : P.52

袖口のロールアップ部分がポイント。
さらっと着られるリバティプリントの
シンプルブラウスです。

Detail

ロールアップと襟ぐりの見返しを
共布で作って。後ろはあきをルー
プ止めなので簡単。

Daily bottoms
ギャザースカート
リバティプリント _P.29 →

12ページのブラウスと共布で作ったギャザースカート。
ブラウスをインしてセットアップで着ると、まるでワンピースのよう。

Drop shoulder t-shirt

ドロップショルダー
Tシャツ

How to make : P.54

Daily bottoms
サーキュラスカート
デニム _P.28

何にでも合わせやすい、シンプルなTシャツ。身幅がたっぷりとした身頃も、着ると落ち感がでて、きれいなラインになります。

Drop shoulder t-shirt
(Long sleeves)

ドロップショルダー・
ボーダーロンT

How to make : P.54

Daily bottoms
ギャザースカート
リネン _P.29

14 ページのTシャツを、ボーダー柄のニット地で長袖にアレンジ。

Pattern A

Simple shirt

ギンガムチェックの
シンプルシャツ

How to make : P.56

Daily bottoms
タックスカート _P.29

台襟なしのシンプルなシャツ。肩落ちシルエットで、後ろ身頃がやや長く、脇にスリットが入っています。

Pattern A

Shirt dress with collar

**台襟つき
シャツワンピース**

How to make : P.58

ローウエストの台襟つきシャツワンピース。長袖で、袖口を剣ボロあきに仕上げました。

Pattern **C**

Gathered dress

ウエストゴムの
ギャザーワンピース

How to make : P.60

ウエストマークとたっぷりギャザーが女性らしいシルエット。ウエストにゴムを入れなければ、ゆるい雰囲気のワンピースになります。

Detail
後ろはあきを
ループ止め。

ウエストはゴムなので、心地よく着られます。

Pattern **B**

Band collar shirt dress

バンドカラーの
シャツワンピース

How to make : P.64

バンドカラーがついたすっきりとかっこいい印象のワンピース。裾にスリットが入っているので、ロングでも動きやすいです。

Detail
帯状のバンドカラー。

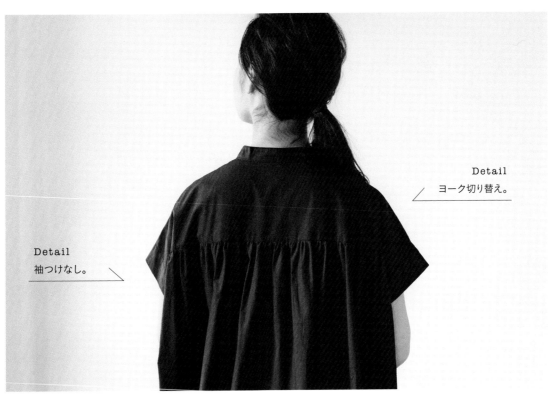

Detail
ヨーク切り替え。

Detail
袖つけなし。

後ろはたっぷりギャザーの入ったヨーク切り替え。袖ぐりは、幅広の袖口布をつけただけ。

Pattern **C**

flare dress

フレアワンピース

How to make : P.66

らくらく着られるシンプルワンピース。フレアラインなので動くといろいろな表情が楽しめます。

Detail
後ろはヨーク切り替え。

Pattern **A**

Blouse with frilled collar

フリル襟のブラウス

How to make : P.68

首元のさりげなくフェミニンなフリル襟がポイント。袖は長袖パフスリーブにしました。

Arrange style
ニットから襟を
だして着ても。

Daily bottoms
テーパードパンツ_P.29

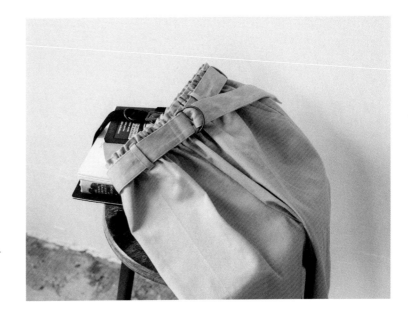

Pattern B

Yoke dress

ヨーク切り替えワンピース

How to make : P.63

胸のヨークからたっぷりギャザーの身頃をプラス。a sunny spot の定番のワンピースです。

Detail
後ろもたっぷりギャザー。

a sunny spot

Daily bottoms

まいにちのパンツとスカート

柄違い、生地違いでいっぱい作りたくなるパンツやスカート。シンプルだから、1年中着まわせそう。

Wide pants with ribbon

リボンつきワイドパンツ

How to make : P.70

ベルトに共布リボンをつける、ワイドパンツ。

Circular skirt

サーキュラースカート

How to make : P.74

前面はタック、後ろはゴムギャザーのおしゃれスカート。

PANTS パンツは「テーパード」と「ワイド」の2種類。

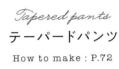
Tapered pants
テーパードパンツ
How to make : P.72

Back style

裾に向かって少し細くシェイプ
されたテーパードパンツ。

Arrange
生地違い例 ①
——————
テーパードパンツ
P.34

Back style

デニムで作ってもおしゃれ。糸を白にしてステッチを効かせました。

Arrange
生地違い例 ②
——————
ワイドパンツ
P.30

28ページのパンツをコーデュロイで作って
冬パンツに。こちらはリボンなしにしました。

SKIRT スカートは「タック」「ギャザー」「サーキュラ」の3種類。

Tucked skirt
タックスカート
How to make : P.76

ウエストにタックが入った
スカート。ギャザースカートより
ややすっきりとした印象に。

Gathered skirt
ギャザースカート
How to make : P.78

リバティプリントの柄スカートと
リネンの無地スカート。

Arrange
生地違い例 ②
——————
サーキュラースカート
P.14

28ページのブラックチノを、
デニムにアレンジ。テーパードパンツ
同様白糸でステッチを効かせて。

Mountain parka

マウンテンパーカー

How to make : P.84

Daily bottoms
ワイドパンツ
コーデュロイ_P.29

カジュアルに着られる、ハイネック型のフードがついた、ゆったりマウンテンパーカー。

フラップつきのポケット、マチ入りのフード。

Crew neck coat

クルーネックコート

How to make : P.80

厚手のリネンで作った、春秋に着たい、襟なし裏地なしの簡単コート。

Detail
後ろ身頃はタック入り。

Soutien collar coat

ステンカラーコート

How to make : P.82

Daily bottoms
テーパードパンツ
デニム _P.29

ゆったりとしたシルエットの襟つき、裏地なしのスプリングコート。a sunny spot の人気コートです。

Detail

後ろ身頃にタックを入れて、
袖口にベルトをつけて。

Arrangement of pattern
型紙アレンジを楽しもう。

パフスリーブ

バンドカラー

前あき

Pattern A・B・C は、
好きな襟、好きな袖に変えて
作ることができます。
また前あきを後ろあきに変えても OK。
丈を変えたり、生地を変えたりすれば、
さらにいろいろな洋服が作れます！

4 ページのブラウスをアレンジ

基本の型

基本の型に、以下のアレンジ袖とアレンジ襟がつけられます。

Pattern **A**

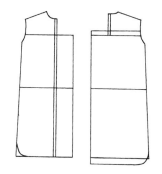

ローウエストの型紙。スカートをつ
けてワンピースにしたり襟をつけて
シャツにできます。

Pattern **B**

ヨーク、ブラウス丈とワンピース丈
の型紙。

Pattern **C**

フレアの型紙。ブラウス丈、ワンピー
ス丈など。

※ Pattern C を前あきにしたい場合、
前身頃の中心から前端分 1.5 ㎝のライン
を足してください。

◎共通パターン／アレンジ袖の種類

1
半袖

2
ロールアップ

袖口に別布をつけ
て折り返す袖。

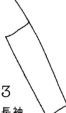

3
長袖

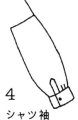

4
シャツ袖

剣ボロあきを作る、
いわゆる長袖シャ
ツの袖。

5
5分パフスリーブ

袖つけ位置と袖口
にギャザーを寄せ
たふっくら袖。

6
長袖パフスリーブ

◎共通パターン／アレンジ襟の種類

前あき

1 シャツカラー
バイアステープでつける
プレーンな襟。

2 台襟つきシャツカラー
襟の下に台襟をつけた
シャツカラー。

3 バンドカラー
台襟つきシャツカラー
の台襟部分。

後ろあき

4 ラウンドカラー
丸襟。バイアステープで
つける。

5 フリルカラー
襟ぐりにぐるりとつけるギャザーを寄せた襟。

Backstyle

前あき／後ろあき

クルーネック

Front style

Back style

襟ぐりを見返しで始末。前あき
はボタン止め、後ろあきはボタ
ン止めかループ止めに。

※見返しの型紙はそれぞれの身頃に見
　返し線が入っています。A・Bは共通
　パターン、Cは別パターンです。

│ Arrange │

アレンジ例
こんな洋服が作れます。他にもアイディア次第で
無限大のアレンジが楽しめます！

パーツの付け替えがOKだから、「P
atternA＋バンドカラー＋シャ
ツ袖」でメンズライクなシャツに。

P.20のバンドカラーのシャツワン
ピースをシャツ丈にするだけでも、
バリエーションが増えます。

台襟なし
剣ボロなし
ボタン
少ない

P.17の台襟つきシャツワンピースの
襟をシャツカラーにして、あきを身
頃だけにして、袖も半袖にすると、
作るのがかなり簡単になります。

Sewing Lesson

ギャザーブラウスを作ろう。

Pattern B の型紙を基本に、前あきの見返し始末で、
ヨーク切り替え、半袖で作成しました。

Photo：P.4

Pattern B

● 実物大型紙　B面【07】　　1- 前ヨーク、2- 前見返し、3- 前身頃、4- 後ろヨーク、5- 後ろ見返し、
　　　　　　　　　　　　　　6- 後ろ身頃
　　　　　　　A面共通パターン【07】　　7- 袖（半袖）

○ **材料**（左からXS／S／M／Lサイズ）
コットン100%（タイプライター）…
　　　　108㎝幅×160／165／170／175㎝
接着芯…50×30㎝
ボタン…直径1.1㎝を5個

○ **でき上がり寸法**（左からXS／S／M／Lサイズ）
着丈…58／59／60／61㎝
バスト…118／121／124／127㎝

裁ち合わせ図

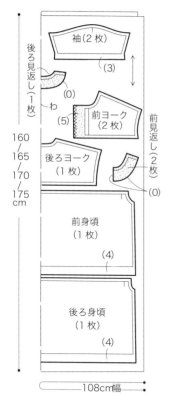

160
165
170
175
cm

108cm幅

＊（　）内は縫い代。指定以外は1cm
＊ は裏に接着芯を貼る
＊ ～～～ はジグザグミシンをかける

● 準備

裁ち合わせ図を参照して、「見返し」
と、「前ヨークの見返し部分」の裏
に接着芯を貼る。

※プロセスは縫い目が見やすいように作品と違う色の生地と赤い糸を使用しています。

① 肩を縫う

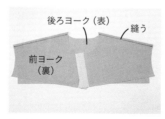

1　前ヨークと後ろヨークを中表に
合わせて、肩を縫う。

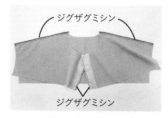

2　縫い代に2枚一緒にジグザグミ
シンをかけて、後ろヨーク側に倒す。

② 襟ぐりに見返しをつけて、前あきにボタンホールを作る

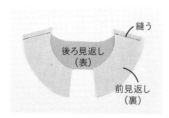

1　前見返しと後ろ見返しを中表に
合わせて、肩を縫う。

2　縫い代を割り、周囲にジグザグ
ミシンをかける。

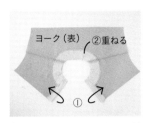

3 前ヨークを前端で表側に折り返して、襟ぐりに見返しを中表に重ねてマチ針でとめる。

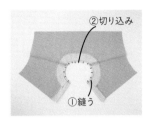

4 縫い合わせ、カーブに切り込みを入れる。

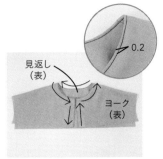

5 見返しを裏側に返して前あきから襟ぐりをぐるりとステッチをかける。

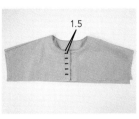

6 右前にボタンホールを作る。

2個目からの
ボタンホールの間隔
2.3 ／ 2.4 ／ 2.5 ／ 2.6

---

③ 前・後ろ身頃にそれぞれギャザーを寄せて、ヨークと縫い合わせる

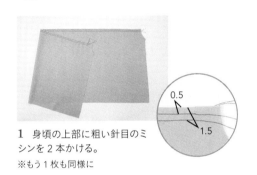

1 身頃の上部に粗い針目のミシンを2本かける。
※もう1枚も同様に

2 前あきの中心を写真のように合わせてマチ針でとめる。

3 ヨークと身頃を中表に合わせて、マチ針でとめる。

4 粗い針目のミシンの糸を引いて、ヨーク幅までギャザーを寄せる。

5 縫い合わせ、粗い針目のミシン糸を抜いて、縫い代に2枚一緒にジグザグミシンをかける。

Point ｜ ギャザーの寄せ方

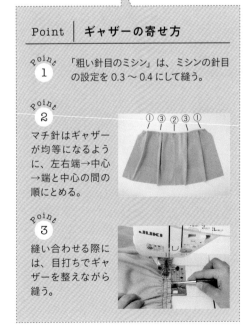

Point **1** 「粗い針目のミシン」は、ミシンの針目の設定を0.3～0.4にして縫う。

Point **2** マチ針はギャザーが均等になるように、左右端→中心→端と中心の間の順にとめる。

Point **3** 縫い合わせる際には、目打ちでギャザーを整えながら縫う。

6 縫い代をヨーク側に倒して、表からステッチをかける。
※後ろ身頃も同様に

④ 袖をつけて、袖下から脇を続けて縫う

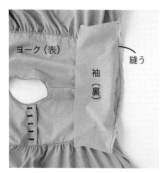

ヨーク（表）
縫う
袖（裏）

1　袖と中表に合わせて、縫う。

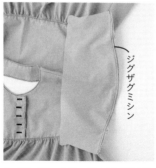

ジグザグミシン

2　縫い代に 2 枚一緒にジグザグミシンをかけて、ヨーク側に倒す。

①縫う
②ジグザグミシン

3　袖と身頃を中表に合わせて、袖下から脇を続けて縫い、縫い代に 2 枚一緒にジグザグミシンをかけ、後ろに倒す。

⑤ 袖口と裾を始末する

2cm
縫う

1　袖を 1cm → 2cm の三つ折りにして縫う。

3cm
縫う

2　裾を 1cm → 3cm の三つ折りにして縫う。

finish!

ボタンをつけたら完成

MEMO

**型紙アレンジが
らくになる
型紙のとり方**

型紙をとるときは、端まで（一番大きいライン で）とっておくと、一つの型紙で何パターンかに使えて便利です！その際、他のライン（例えば「前中心」など）もきちんと写し取り、あとで何のラインかわかるように名称も書いておきましょう。

◎ 例えば前身頃の場合

前中心
前端
前身頃

「前あき」を作りたいときはそのまま使用。

※後ろ身頃も同様にできます。

前中心
前身頃

「後ろあき」を作りたいときは中心のラインで折って使用。

ここでとる

見返しも一番端で 1 枚とっておけば、作品によって必要なラインで折り返して使えるので、便利です。

How to make

作り始める前に

- この本では、XS、S、M、L の 4 サイズを掲載しています。下記のサイズ基準表と、作品のでき上がり寸法を目安に選んでください。
- 裁ち合わせ図は、M サイズの型紙に合わせてパーツを配置しています。他のサイズで作る場合は、若干配置が変わりますので、裁断の前に必ず一度すべてのパーツを布に配置して確認してください。
- スカートや、ウエストベルトなど、直線のパーツには実物大型紙がありません。その場合、裁ち合わせ図に書いてある寸法に縫い代をつけて、布に直に線を引いて裁ってください。
- 特に指定のない場合、単位は㎝です。
- 材料の用尺は幅 × 長さの順で表記しています。
- 材料のゴムテープは、ウエストに合わせて調整してください。
- 裁ち合わせ図内で指示があったら、布の裏に接着芯を貼ります。接着芯には、織り地、ニット地、不織布などの種類があるので、使用する布地に合わせて選びましょう。
- 作り方ページのでき上がりの着丈は、SNP（サイドネックポイント）から裾までの長さです。パンツ丈やスカート丈はベルトを含んだ裾までの長さです。

サイズ基準表

基準サイズはヌード寸法です。モデルは身長 162㎝で M サイズを着用しています。

	XS	S	M	L
身長	154	157	160	163
バスト	77	80	83	86
ウエスト	61	64	67	70
ヒップ	87	89	91	93

About fabric
布地について

布地は作り方ページの材料を参照して、作品にあったものを用意しましょう。買ったばかりの布地は、布目が歪んでいたり、洗ったときに縮む場合もあるので、裁断前に「水通し」と「地直し」をしましょう。

※水通しは可能な生地のみ

「水通し」と「地直し」のやり方

たっぷりの水に、布を1時間ほど浸す。軽く絞って布目を整え、陰干しで生乾き程度まで乾かす。布をひっぱって布目が直角になるように整えてから、布目に沿ってアイロンをかける。

※ニット地は伸びやすいので、平置きで干し、伸ばさないよう注意してアイロンをかける

About pattern
型紙について

実物大型紙は、巻末に糊で貼ってあるので破けないように引っ張ってはずしてください。そして、さまざまな作品の線が重なっているのでハトロン紙など透ける紙に写して使います。また、型紙の線はでき上がり線なので、縫い代がついていません。写したあと、裁ち合わせ図を参照してつけてください。

● 実物大型紙のあるパーツは、作り方ページの上部に、実物大型紙の掲載面と番号が書いてありますので、まずここを確認しましょう（ここに番号のないパーツは、裁ち合わせ図の寸法で直接布に描いて裁ちます）。

● B面のPatternB、C面のPatternC、D面の【18】サーキュラースカート、【19】クルーネックコート、【20】ステンカラーコートは、型紙の点線のラインで同じマークのパーツをつないで型紙を作ります。共通パターンの袖と襟は、A面に掲載されています。

型紙の記号の意味

 布目線
布の耳と平行のたて地。生地に型紙を置く際、布目を合わせる

わ
左右対称に二つに折る箇所

合印
2枚の布がずれないように合わせるための印

見返し線
見返しの型紙をとるライン

ボタンホール
ボタンホールを作る位置

タック
ひだを作る位置。斜線の高いほうから低いほうに向かって布をたたむ

□型紙の作り方

●写し方

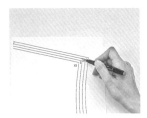

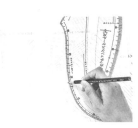

1　型紙を選び、角などのポイントに目立つ色でマーキングする。

2　型紙の上に、ハトロン紙を重ね、定規を使って写す。

3　曲線は、曲線定規を使って写すと便利。

4　パーツ名、布目線、合印などの記号も写しておく。

●縫い代のつけ方

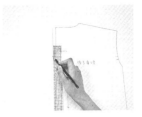

1 縫い代は裁ち合わせ図の寸法を参照。縫い代の幅分をでき上がり線と平行に引く。

2 曲線部分は、縫い代分をでき上がり線に垂直に測りながら印をつけていく。

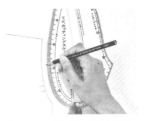

3 2でつけた印を曲線定規などでつなげて、きれいに線を引く。

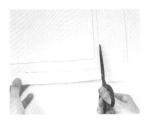

4 縫い代つきの型紙の完成。縫い代線でカットして使う。

Point

袖口や裾など、直線が斜めにぶつかる角は、縫い代をでき上がりに折ったときに、欠けたり余ったりしないように、右記の方法で縫い代をつけます。

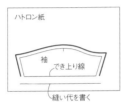

1 袖口（または裾など）の縫い代線を長めに書いておく。

2 ハトロン紙を袖口のでき上がり線で折り（三つ折りの場合は三つ折りで折る）、袖下のラインを写す。

3 表から2で写したラインを書く。

□ でき上がり線を布に書かずに縫う方法

ミシン台についている目盛りを利用し、布端を必要な縫い代幅に合わせて縫います。もしミシン台に目盛りがついていない場合は、針を降ろした位置から垂直に定規で指定の幅を測ってテープを貼ります（写真右）。

□ バイアス布の作り方

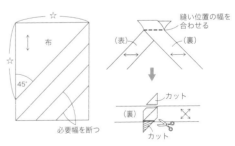

布目に対して４５度にカットした布を、バイアス布といいます。カットしたバイアス布を必要な長さにつなげて使用します。

□ ボタンホールについて

型紙にボタンのつけ位置のみが記載されている場合、ボタンホールのスタートはボタンのつけ位置から0.2～0.3cm右（または上）からになります。

※ Pattern A・B・Cは、型紙にボタンホールやボタンつけ位置がありません。作り方ページを参照してください。

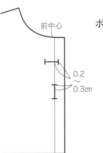

ボタンホールの大きさ

★ ＝ ボタンの直径 ＋ ボタンの厚み（0.2 ～ 0.4cm）

※足つきのボタンは足部分を除く厚み（0.2 ～ 0.4cm）

Pattern B　丸襟のついた、後ろあきボタン止め。ヨーク切り替え、長袖

● **実物大型紙**　**B面[08]**　1- 前ヨーク、2- 前身頃、3- 後ろヨーク、4- 後ろ身頃
　　　　　　　A面共通パターン[08]　5- 襟（ラウンドカラー）、6- 袖（長袖）

○ **材料**（左からXS／S／M／Lサイズ）
　先染めリネンストライプ（ネイビー細）…
　　　　140cm幅×190／190／200／200cm
　リネン（白）…80×30cm
　接着芯…60×30cm
　ボタン…直径1.2cmを6個

○ **でき上がり寸法**（左からXS／S／M／Lサイズ）
　着丈…58／59／60／61cm
　バスト…118／121／124／127cm

裁ち合わせ図

リネンストライプ

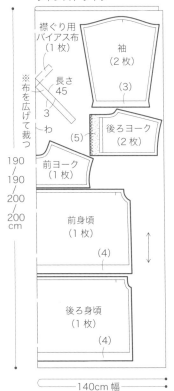

襟ぐり用
バイアス布
（1枚）

袖
（2枚）
（3）

長さ
45
3
わ
（5）

後ろヨーク
（2枚）

前ヨーク
（1枚）

※布を広げて裁つ

前身頃
（1枚）
（4）

後ろ身頃
（1枚）
（4）

190／190／200／200cm

←140cm 幅→

リネン白
襟（4枚）
※裏襟のみ接着芯を貼る

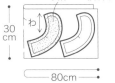

わ

30cm

←80cm→

＊（ ）内は縫い代。指定以外は1cm
＊ □□□ は裏に接着芯を貼る
＊ 〜〜〜 はジグザグミシンをかける

縫い方手順

1 肩を縫う

2 襟を作る

5 袖をつける

7
0.2（裏）
1
2

前

4 前・後ろ身頃にそれぞれ
　ギャザーを寄せて、
　ヨークと縫い合わせる
　（p.39 **3** 参照）
　＊ただし後ろヨークの
　　左右の重ね方は図参照

7 袖口と裾を
　始末する
　（右図参照）

0.2（裏）
1
3

6 袖下から脇を
　続けて縫う

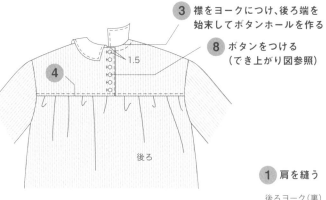

3 襟をヨークにつけ、後ろ端を
　始末してボタンホールを作る

8 ボタンをつける
　（でき上がり図参照）

1.5

4

後ろ

1 肩を縫う

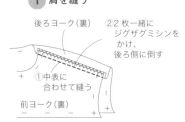

後ろヨーク（裏）

② 2枚一緒に
　ジグザグミシンを
　かけ、
　後ろ側に倒す

① 中表に
　合わせて縫う

前ヨーク（裏）

2 襟を作る

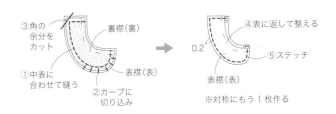

③角の余分をカット
裏襟(裏)
①中表に合わせて縫う
表襟(表)
②カーブに切り込み

0.2
④表に返して整える
⑤ステッチ
表襟(表)
※対称にもう1枚作る

4 前・後ろ身頃にそれぞれギャザーを寄せ、ヨークと縫い合わせる
(p.39 ③参照)
＊ただし後ろヨークの左右の重ね方は図参照

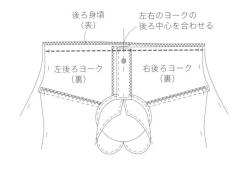

後ろ身頃(表)
左右のヨークの後ろ中心を合わせる
左後ろヨーク(裏)
右後ろヨーク(裏)

5 袖をつける

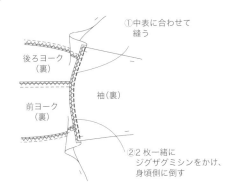

①中表に合わせて縫う
後ろヨーク(裏)
袖(裏)
前ヨーク(裏)
②2枚一緒にジグザグミシンをかけ、身頃側に倒す

6 袖下から脇を続けて縫う

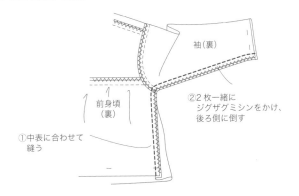

袖(裏)
①中表に合わせて縫う
前身頃(裏)
②2枚一緒にジグザグミシンをかけ、後ろ側に倒す

3 襟をヨークにつけ、後ろ端を始末してボタンホールを作る

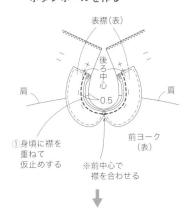

表襟(表)
後ろ中心
0.5
肩
肩
前ヨーク(表)
①身頃に襟を重ねて仮止めする
※前中心で襟を合わせる

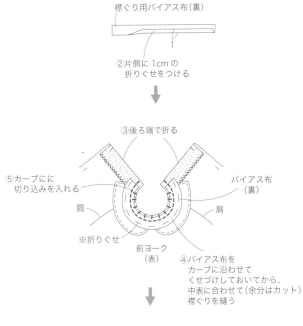

襟ぐり用バイアス布(裏)
1
②片側に1cmの折りぐせをつける

③後ろ端で折る
⑤カーブにに切り込みを入れる
肩
肩
バイアス布(裏)
※折りぐせ
前ヨーク(表)
④バイアス布をカーブに沿わせてくせづけしておいてから、中表に合わせて(余分はカット)襟ぐりを縫う

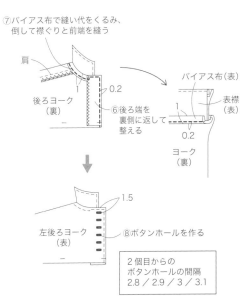

⑦バイアス布で縫い代をくるみ、倒して襟ぐりと前端を縫う
肩
後ろヨーク(裏)
1
0.2
⑥後ろ端を裏側に返して整える
バイアス布(表)
表襟(表)
1
0.2
ヨーク(裏)

1.5
左後ろヨーク(表)
⑧ボタンホールを作る

2個目からのボタンホールの間隔
2.8／2.9／3／3.1

Pattern A　後ろあきボタン止めのローウエストにスカートをつけて。半袖。

●実物大型紙　A面 [01]　1-前身頃、2-前見返し、3-後ろ身頃、4-後ろ見返し、
　　　　　　　　　　　　　5-袖（共通パターン・半袖）

○**材料**（左からXS／S／M／Lサイズ）
　ナチュラルコットンHOLIDAY（チャコールグレー）…
　110cm幅×300／300／310／320cm
　接着芯…60×60cm
　ボタン…直径1.3cmを7個

○**でき上がり寸法**（左からXS／S／M／Lサイズ）
　着丈…116／118／120／122cm
　バスト…118／121／124／127cm

裁ち合わせ図

- 袖（2枚）
- (5) (3) (0)
- 後ろ身頃（2枚）
- 前見返し（1枚）
- わ
- (0)
- (0)
- 後ろ見返し（2枚）
- 前身頃（1枚）
- 300／300／310／320 cm
- 前スカート（1枚）
- ※寸法は後ろスカートと同じ
- (6)
- 布幅いっぱいに裁つ
- 後ろスカート（1枚）
- スカート丈＝68／69／70／71
- (6)
- ← 110cm幅 →

＊（　）内は縫い代。指定以外は1cm
＊▨は裏に接着芯を貼る
＊〜〜はジグザグミシンをかける

縫い方手順

- **5** 見返しを作る
- **6** 見返しをつけ、後ろ端を始末し、ボタンホールを作る
- **4** 袖口を始末する（下図参照）
- **1** 肩を縫う
- **2** 袖をつける
- **3** 袖下から脇を続けて縫う
- **7** スカートの脇を縫い、裾を始末する
- **9** ボタンをつける（でき上がり図参照）
- **8** スカートのウエストにギャザーを寄せ、身頃と縫い合わせる

（裏）
0.2
1
2

前

後ろ

1.5

1 肩を縫う

後ろ身頃（裏）
②2枚一緒にジグザグミシンをかけ、後ろ側に倒す
①中表に合わせて縫う
前身頃（裏）

2 袖をつける

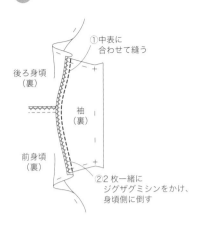

①中表に合わせて縫う
後ろ身頃（裏）
袖（裏）
前身頃（裏）
②2枚一緒にジグザグミシンをかけ、身頃側に倒す

3 袖下から脇を続けて縫う

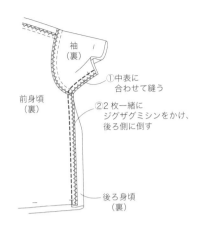

袖（裏）
①中表に合わせて縫う
前身頃（裏）
②2枚一緒にジグザグミシンをかけ、後ろ側に倒す
後ろ身頃（裏）

5 見返しを作る

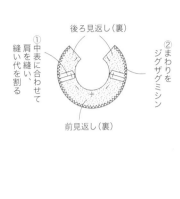

後ろ見返し（裏）
①中表に合わせて肩を縫い、縫い代を割る
②まわりをジグザグミシン
前見返し（裏）

6 見返しをつけ、後ろ端を始末し、ボタンホールを作る

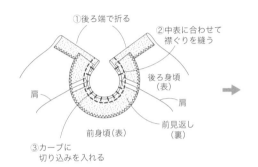

①後ろ端で折る
②中表に合わせて襟ぐりを縫う
肩
後ろ身頃（表）
肩
前見返し（裏）
前身頃（表）
③カーブに切り込みを入れる

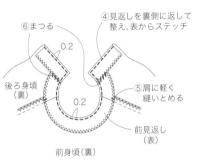

⑥まつる
0.2
④見返しを裏側に返して整え、表からステッチ
後ろ身頃（裏）
0.2
⑤肩に軽く縫いとめる
前見返し（表）
前身頃（裏）

⑦ボタンホールを作る
1.5
左後ろ身頃（表）

2個目からのボタンホールの間隔
6.6 / 6.8 / 7 / 7.2

7 スカートの脇を縫い、裾を始末する

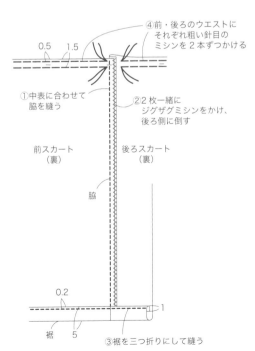

④前・後ろのウエストにそれぞれ粗い針目のミシンを2本ずつかける
0.5　1.5
①中表に合わせて脇を縫う
②2枚一緒にジグザグミシンをかけ、後ろ側に倒す
前スカート（裏）
後ろスカート（裏）
脇
0.2
裾
5
③裾を三つ折りにして縫う
1

8 スカートのウエストにギャザーを寄せ、身頃と縫い合わせる

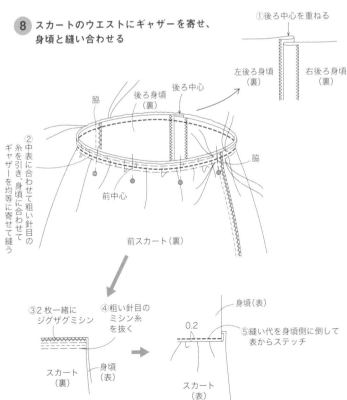

①後ろ中心を重ねる
左後ろ身頃（裏）
右後ろ身頃（裏）

脇
後ろ身頃（裏）
後ろ中心
②中表に合わせて粗い針目の糸を引き、身頃に合わせてギャザーを均等に寄せて縫う
前中心
脇
前スカート（裏）

③2枚一緒にジグザグミシン
④粗い針目のミシン糸を抜く
スカート（裏）
身頃（表）

身頃（表）
0.2
⑤縫い代を身頃側に倒して表からステッチ
スカート（表）

Simple dress

Pattern A　ローウエストにスカートをつけて、前あきのボタン止めに。長袖。

●実物大型紙　A面［02］　　1- 前身頃、2- 前見返し、3- 後ろ身頃、4- 後ろ見返し、
　　　　　　　　　　　　　　5- 袖（共通パターン・長袖）

○材料（左からXS ／ S ／ M ／ Lサイズ）
　　コットンライトキャンバス（カーキー）…
　　　　112cm幅× 310 ／ 310 ／ 320 ／ 330cm
　　接着芯…70 × 80cm
　　ボタン…直径1.3cmを11 個

○でき上がり寸法（左からXS ／ S ／ M ／ Lサイズ）
　　着丈…111 ／ 113 ／ 115 ／ 117cm
　　バスト…118 ／ 121 ／ 124 ／ 127cm

裁ち合わせ図

袖
（2 枚）
（3）

後ろ見返し（1 枚）　（0）

前身頃（2 枚）　（4）

（0）

前見返し（2 枚）　（0）

後ろ身頃（1 枚）

310
／
310
／
320
／
330
cm

わ

前スカート（2 枚）　（4）
50
スカート丈＝63/64/65/66
（6）

後ろスカート（1 枚）
48.5
スカート丈＝63/64/65/66
（6）

─112cm 幅─

＊（　）内は縫い代。指定以外は1cm
＊ ▨▨▨ は裏に接着芯を貼る

縫い方手順

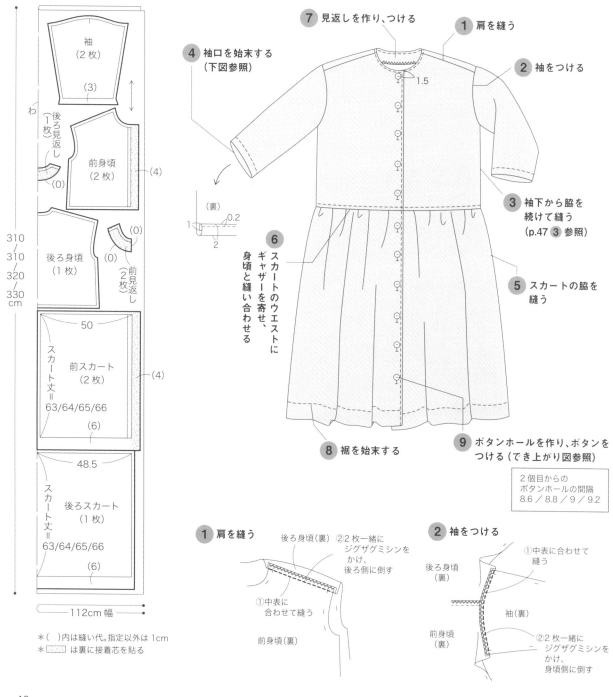

7　見返しを作り、つける
1　肩を縫う
4　袖口を始末する（下図参照）
2　袖をつける
1.5
（裏）
1　0.2　2
6　スカートのウエストにギャザーを寄せ、身頃と縫い合わせる
3　袖下から脇を続けて縫う（p.47 3 参照）
5　スカートの脇を縫う
8　裾を始末する
9　ボタンホールを作り、ボタンをつける（でき上がり図参照）
2 個目からのボタンホールの間隔
8.6 ／ 8.8 ／ 9 ／ 9.2

1　肩を縫う
後ろ身頃（裏）
②2 枚一緒にジグザグミシンをかけ、後ろ側に倒す
①中表に合わせて縫う
前身頃（裏）

2　袖をつける
後ろ身頃（裏）
①中表に合わせて縫う
袖（裏）
前身頃（裏）
②2 枚一緒にジグザグミシンをかけ、身頃側に倒す

5 スカートの脇を縫う

※前端を折る部分には
粗い針目のミシンを
かけない

7　0.5　1.5

③粗い針目の
ミシンを2本かける

①中表に合わせて
縫う

②2枚一緒にジグザグミシンを
かけ、後ろ側に倒す

前スカート
（裏）

後ろスカート
（裏）

6 スカートのウエストにギャザーを寄せ、
身頃と縫い合わせる

後ろ中心

脇　　　後ろ身頃（裏）　　　脇

①中表に合わせ
粗い針目の糸を引き、
身頃に合わせてギャザーを
均等に寄せて縫う

前スカート
（裏）

前スカート
（裏）

②2枚一緒に
ジグザグミシン

③粗い針目の
ミシン糸を抜く

スカート
（裏）

身頃
（表）

④縫い代を身頃側に
倒して表からステッチ

0.2

身頃（表）

スカート
（表）

⑤前端の縫い代
端にジグザグミシンを
かける

身頃（表）

スカート
（表）

7 見返しを作り、つける

①中表に合わせて肩を縫い、
縫い代を割る

後ろ見返し（裏）

②まわりを
ジグザグミシン

前見返し（裏）

後ろ見返し（表）

後ろ身頃（表）

肩　　　　　　肩

⑤カーブに切り込み

④中表に合わせて
襟ぐりを縫う

前身頃
（表）

③前端で
折る

前見返し（裏）

⑦見返しを身頃の
縫い代に
軽く縫いとめる

後ろ身頃
（裏）

前見返し
（表）

⑧まつる

前身頃
（裏）

⑥見返しを裏側に
返して整える

0.2

0.2

0.2

前身頃
（裏）

⑥前端から襟ぐりを
続けて表からステッチ

前スカート
（裏）

8 裾を始末する

前スカート
（表）

①前端で
折る

②縫う

③余分をカット
（折り返し部分のみ）

1

④前端を裏側に
返し形を整える

前スカート
（裏）

0.2

5

1

⑤三つ折りに
して縫う

P.8　**5分パフスリーブのフレアブラウス**　　　*Flare blouse*

Pattern C　見返し始末の後ろあきボタン止め。5分丈のパフスリーブ。

●**実物大型紙**　**C面 [13]**　　1- 前身頃、2- 前見返し、3- 後ろ身頃、4- 後ろ見返し
　　　　　　　　　A面共通パターン [13]　　5- 袖（5分パフスリーブ）

○**材料**（左からXS／S／M／Lサイズ）
やさしいリネン（ミスティピンク）…
110cm幅×200／210／210／220cm
接着芯…90×70cm
ボタン…直径1.2cmを7個

○**でき上がり寸法**（左からXS／S／M／Lサイズ）
着丈…58／59／60／61cm
バスト…128／131／134／137cm

裁ち合わせ図

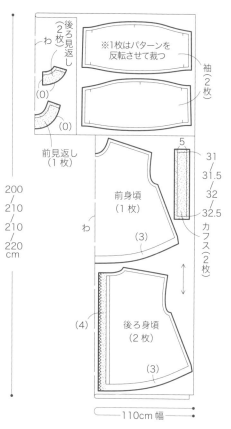

200
210
210
220
cm

←110cm幅→

＊（　）内は縫い代。指定以外は1cm
＊ ▨▨▨ は裏に接着芯を貼る
＊ 〜〜〜 はジグザグミシンをかける

縫い方手順

5 見返しを作る

2 袖山にギャザーを寄せ、身頃と縫い合わせる

1 肩を縫う

前

3 袖下から脇を続けて縫う（p.47 **3** 参照）

4 袖口にギャザーを寄せ、カフスをつける

7 ボタンホールを作り、ボタンをつける（でき上がり図参照）

2個目からのボタンホールの間隔
6.6／6.8／7／7.2

1.5

後ろ

6 見返しをつけ、同時に後ろ端と裾を始末する

1 肩を縫う

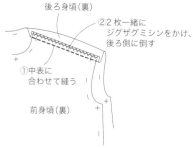

後ろ身頃（裏）

②2枚一緒にジグザグミシンをかけ、後ろ側に倒す

①中表に合わせて縫う

前身頃（裏）

2 袖山にギャザーを寄せ、身頃と縫い合わせる

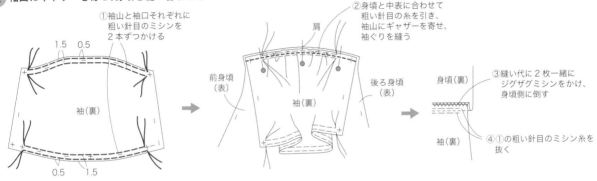

①袖山と袖口それぞれに
粗い針目のミシンを
2本ずつかける

1.5　0.5

袖(裏)

0.5　1.5

②身頃と中表に合わせて
粗い針目の糸を引き、
袖山にギャザーを寄せ、
袖ぐりを縫う

肩

前身頃
(表)

袖(裏)

後ろ身頃
(表)

身頃(裏)

③縫い代に2枚一緒に
ジグザグミシンをかけ、
身頃側に倒す

袖(裏)

④①の粗い針目のミシン糸を
抜く

4 袖口にギャザーを寄せ、カフスをつける

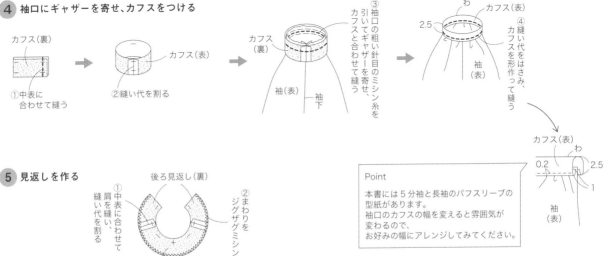

カフス(裏)

①中表に
合わせて縫う

カフス(表)

②縫い代を割る

カフス
(裏)

③袖口の粗い針目のミシン糸を引いてギャザーを寄せ、カフスと合わせて縫う

袖(表)　袖下

わ　カフス(表)

2.5

④縫い代をはさみ、カフスを形作って縫う

袖(表)

カフス(表)

わ

0.2　2.5

1

袖(表)

5 見返しを作る

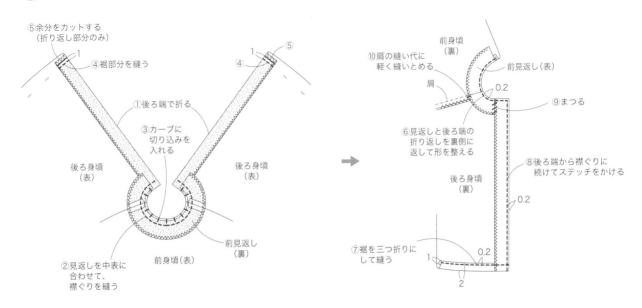

後ろ見返し(裏)

①中表に合わせて肩を縫い、縫い代を割る

②まわりをジグザグミシン

前見返し(裏)

> **Point**
>
> 本書には5分袖と長袖のパフスリーブの
> 型紙があります。
> 袖口のカフスの幅を変えると雰囲気が
> 変わるので、
> お好みの幅にアレンジしてみてください。

6 見返しをつけ、同時に後ろ端と裾を始末する

⑤余分をカットする
(折り返し部分のみ)

1

④裾部分を縫う

1　⑤

④

①後ろ端で折る

③カーブに
切り込みを
入れる

後ろ身頃
(表)

後ろ身頃
(表)

②見返しを中表に
合わせて、
襟ぐりを縫う

前見返し
(裏)

前身頃(表)

⑩肩の縫い代に
軽く縫いとめる

肩

前身頃
(裏)

前見返し(表)

0.2

⑨まつる

⑥見返しと後ろ端の
折り返しを裏側に
返して形を整える

後ろ身頃
(裏)

⑧後ろ端から襟ぐりに
続けてステッチをかける

0.2

⑦裾を三つ折りに
して縫う

1　0.2

2

Short sleeve blouse

Pattern A　見返し始末の後ろあきループ止め。半袖の袖口に見返しをつけてロールアップに。

● 実物大型紙　A面［03］　　1- 前身頃、2- 前見返し、3- 後ろ身頃、 4- 後ろ見返し、
　　　　　　　　　　　　　　5- 袖（共通パターン・ロールアップ）、6- 袖口見返し（共通パターン・ロールアップ）

○ **材料**（左からXS／S／M／Lサイズ）
　リバティプリント…
　　　108cm幅×160／160／170／170cm
　海のブロード（グレイッシュカーキ）…
　　　110cm幅×30cm
　接着芯…60×30cm
　ボタン…直径1.15cmを1個

○ **でき上がり寸法**（左からXS／S／M／Lサイズ）
　着丈…58／59／60／61cm
　バスト…118／121／124／127cm

裁ち合わせ図

縫い方手順

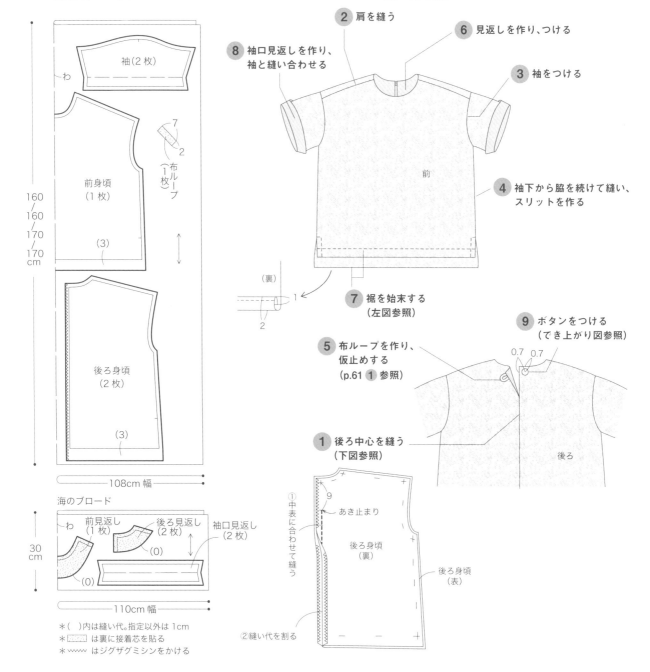

＊（ ）内は縫い代。指定以外は1cm
＊ は裏に接着芯を貼る
＊ はジグザグミシンをかける

② 肩を縫う

- 後ろ身頃(裏)
- ②2枚一緒にジグザグミシンをかけ、後ろ側に倒す
- ①中表に合わせて縫う
- 前身頃(裏)

③ 袖をつける

- ①中表に合わせて縫う
- 後ろ身頃(裏)
- 袖(裏)
- 前身頃(裏)
- ②2枚一緒にジグザグミシンをかけ、身頃側に倒す

④ 袖下から脇を続けて縫い、スリットを作る

- 袖(裏)
- 前身頃(裏)
- ①袖下から前、後ろ身頃それぞれにジグザグミシン
- ②中表に合わせて縫う
- スリット止まり
- 後ろ身頃(表)
- ③縫い代を割る
- 前身頃(裏)
- 0.7
- スリット止まり
- ④スリットを縫う

⑥ 見返しを作り、作る

- ①中表に合わせて肩を縫い、縫い代を割る
- 後ろ見返し(裏)
- ②まわりをジグザグミシン
- 前見返し(裏)
- 1.5
- 布ループ
- 左後ろ身頃(表)
- あき止まり
- 後ろ中心
- あき止まり
- 後ろ身頃(表)
- 肩
- 肩
- 前見返し(裏)
- ④カーブに切り込み
- ③中表に合わせて縫う
- 前身頃(表)
- 後ろ身頃(裏)
- あき止まり
- ⑤見返しを裏側に返して整える
- ⑥肩の縫い代に縫いとめる
- 前見返し(表)
- 前身頃(裏)

⑧ 袖口見返しを作り、袖と縫い合わせる

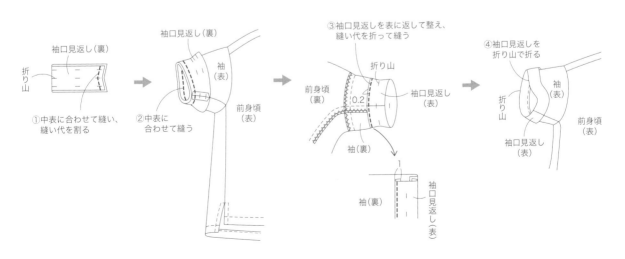

- 袖口見返し(裏)
- 折り山
- ①中表に合わせて縫い、縫い代を割る
- 袖口見返し(裏)
- 袖(表)
- ②中表に合わせて縫う
- 前身頃(表)
- ③袖口見返しを表に返して整え、縫い代を折って縫う
- 折り山
- 前身頃(裏)
- 0.2
- 袖口見返し(表)
- 袖(裏)
- 袖(裏)
- 袖口見返し(表)
- 1
- ④袖口見返しを折り山で折る
- 折り山
- 袖(表)
- 前身頃(表)
- 袖口見返し(表)

＜Tシャツ＞●実物大型紙　B面 [11]　　　1- 前身頃、2- 前見返し、3- 後ろ身頃、4- 後ろ見返し、5- 袖
＜ボーダーロンT＞●実物大型紙　B面 [12]　　1- 前身頃、2- 前見返し、3- 後ろ身頃、4- 後ろ見返し、5- 袖

○**材料**（左からXS／S／M／Lサイズ）

＜Tシャツ＞
天竺（キナリ）…
　　150cm幅×90／90／90／100cm

＜ボーダーロンT＞
天竺ボーダー（アイボリー×ネイビー）…
　　150cm幅×120／120／130／140cm

＜共通＞
綿シーチング（アイボリー）…110cm幅×15cm
接着芯…90×15cm
伸び止め接着テープ…1.2cm幅を50cm

○**でき上がり寸法**（左からXS／S／M／Lサイズ）
着丈…51.5／52.5／53.5／54.5cm
バスト…122／125／128／131cm

裁ち合わせ図

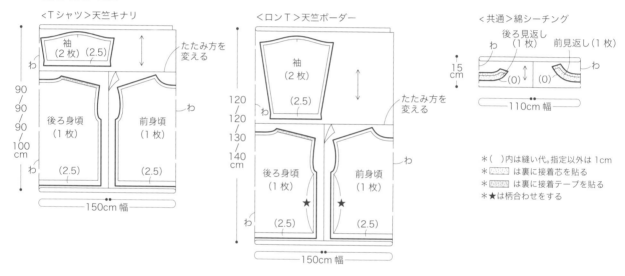

＜Tシャツ＞天竺キナリ

袖（2枚）（2.5）
たたみ方を変える
わ
90／90／90／100cm
後ろ身頃（1枚）
前身頃（1枚）
わ
（2.5）　（2.5）
150cm幅

＜ロンT＞天竺ボーダー

袖（2枚）（2.5）
たたみ方を変える
わ
120／120／130／140cm
後ろ身頃（1枚）
前身頃（1枚）
わ
★　★
（2.5）　（2.5）
150cm幅

＜共通＞綿シーチング

後ろ見返し（1枚）　前見返し（1枚）
15cm
わ
（0）　（0）
110cm幅

＊（ ）内は縫い代。指定以外は1cm
＊▨は裏に接着芯を貼る
＊▨は裏に接着テープを貼る
＊★は柄合わせをする

縫い方手順＜共通＞

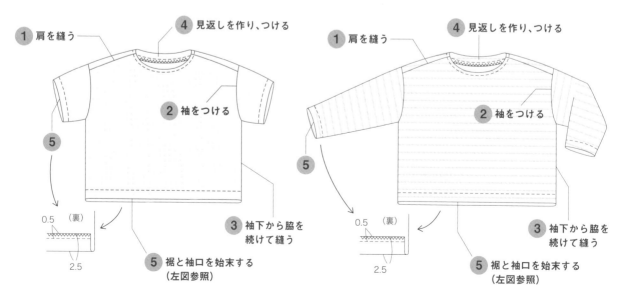

1 肩を縫う
4 見返しを作り、つける
2 袖をつける
5
0.5　（裏）
2.5
3 袖下から脇を続けて縫う
5 裾と袖口を始末する（左図参照）

1 肩を縫う
4 見返しを作り、つける
2 袖をつける
5
0.5　（裏）
2.5
3 袖下から脇を続けて縫う
5 裾と袖口を始末する（左図参照）

1 肩を縫う

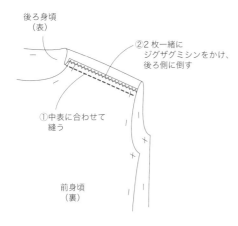

後ろ身頃
（表）

②2枚一緒に
ジグザグミシンをかけ、
後ろ側に倒す

①中表に合わせて
縫う

前身頃
（裏）

2 袖をつける

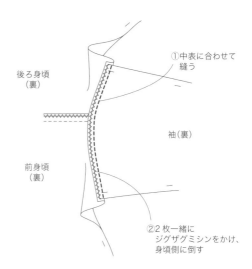

後ろ身頃
（裏）

①中表に合わせて
縫う

袖（裏）

前身頃
（裏）

②2枚一緒に
ジグザグミシンをかけ、
身頃側に倒す

3 袖下から脇を続けて縫う

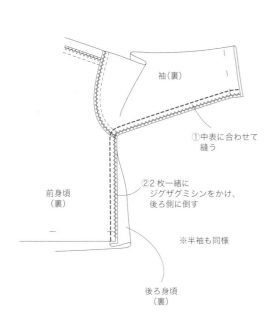

袖（裏）

①中表に合わせて
縫う

前身頃
（裏）

②2枚一緒に
ジグザグミシンをかけ、
後ろ側に倒す

※半袖も同様

後ろ身頃
（裏）

4 見返しを作り、つける

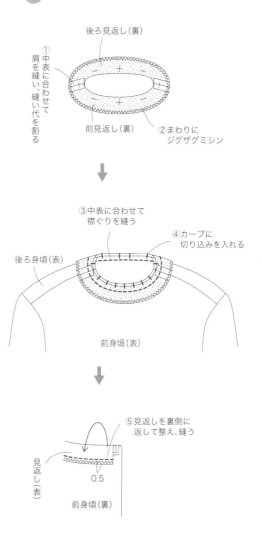

後ろ見返し（裏）

①中表に合わせて
肩を縫い、縫い代を割る

前見返し（裏）

②まわりに
ジグザグミシン

③中表に合わせて
襟ぐりを縫う

④カーブに
切り込みを入れる

後ろ身頃（表）

前身頃（表）

⑤見返しを裏側に
返して整え、縫う

見返し（表）

0.5

前身頃（裏）

55

Pattern A　シャツカラー、半袖。脇は後ろ身頃が少し長いスリットあき。

●**実物大型紙　A面[04]**　1- 前身頃、2- 後ろ身頃、3- 袖（共通パターン・半袖）、
　　　　　　　　　　　　　　　4- 襟（共通パターン・シャツカラー）

○**材料**（左から XS ／ S ／ M ／ L サイズ）
　100 そうギンガムチェック（黒）…
　　　110cm幅×190 ／ 190 ／ 200 ／ 210cm
　接着芯…70 × 70cm
　ボタン…直径 1.3cmを 5 個

○**でき上がり寸法**（左から XS ／ S ／ M ／ L サイズ）
　着丈…58 ／ 59 ／ 60 ／ 61cm
　バスト…118 ／ 121 ／ 124 ／ 127cm

裁ち合わせ図

襟（2 枚）※裏襟のみ
接着芯を貼る

長さ 45

襟ぐり用バイアス布（1 枚）

3

袖（2 枚）（3）

わ

前身頃
（2 枚）

（4）

（4）

後ろ身頃
（1 枚）

（4）

190
／
190
／
200
／
210
cm

← 110cm 幅 →

＊（ ）内は縫い代。指定以外は 1cm
＊ ▨ は裏に接着芯を貼る
＊ 〜〜 はジグザグミシンをかける
＊★は柄合わせをする

縫い方手順

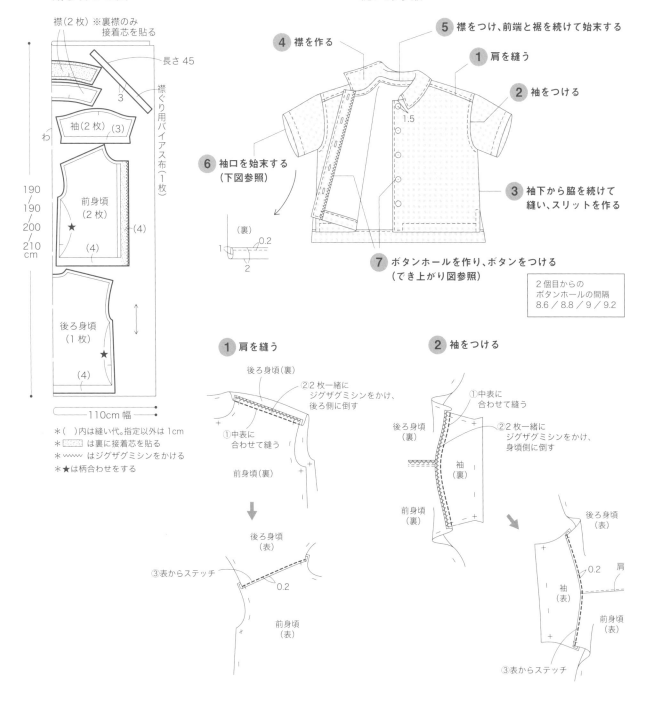

5 襟をつけ、前端と裾を続けて始末する

4 襟を作る

1 肩を縫う

2 袖をつける

1.5

6 袖口を始末する
（下図参照）

（裏）　0.2
1
2

3 袖下から脇を続けて
縫い、スリットを作る

7 ボタンホールを作り、ボタンをつける
（でき上がり図参照）

2 個目からの
ボタンホールの間隔
8.6 ／ 8.8 ／ 9 ／ 9.2

1 肩を縫う

後ろ身頃（裏）

②2 枚一緒に
ジグザグミシンをかけ、
後ろ側に倒す

①中表に
合わせて縫う

前身頃（裏）

後ろ身頃
（表）

③表からステッチ

0.2

前身頃
（表）

2 袖をつける

①中表に
合わせて縫う

後ろ身頃
（裏）

②2 枚一緒に
ジグザグミシンをかけ、
身頃側に倒す

袖
（裏）

前身頃
（裏）

後ろ身頃
（表）

0.2
肩

袖
（表）

前身頃
（表）

③表からステッチ

3 袖下から脇を続けて縫い、スリットを作る

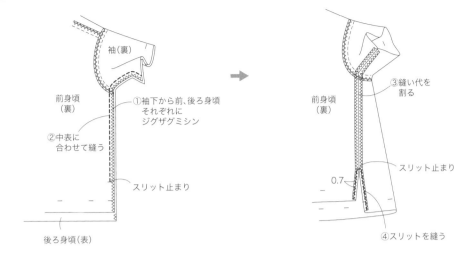

袖(裏)

前身頃
(裏)

①袖下から前、後ろ身頃
それぞれに
ジグザグミシン

②中表に
合わせて縫う

スリット止まり

後ろ身頃(表)

③縫い代を
割る

前身頃
(裏)

0.7

スリット止まり

④スリットを縫う

4 襟を作る

表襟(表)

①中表に合わせて縫う

②角の余分を
カット

裏襟(裏)

表襟(表)

0.2

④ステッチをかける

③表に返して整える

※角をきちんと
出す

5 襟をつけ、前端と裾を続けて始末する

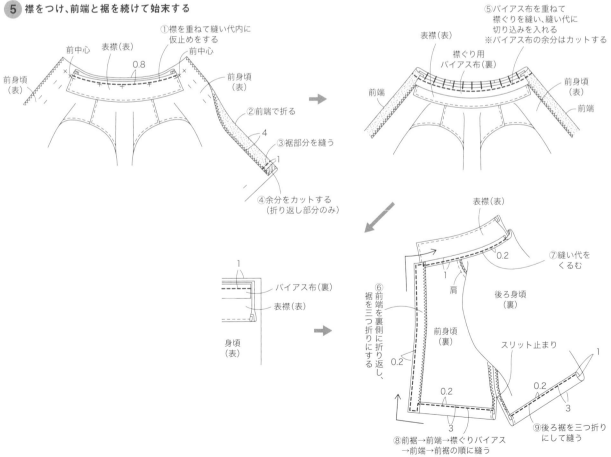

前身頃
(表)

前中心

表襟(表)

0.8

前中心

①襟を重ねて縫い代内に
仮止めをする

前身頃
(表)

②前端で折る

4

③裾部分を縫う

1

④余分をカットする
(折り返し部分のみ)

⑤バイアス布を重ねて
襟ぐりを縫い、縫い代に
切り込みを入れる
※バイアス布の余分はカットする

表襟(表)

襟ぐり用
バイアス布(裏)

前端

前身頃
(表)

前端

1

バイアス布(裏)

表襟(表)

身頃
(表)

表襟(表)

0.2

⑦縫い代を
くるむ

1

肩

後ろ身頃
(裏)

⑥前端を裏側に折り返し、
裾を三つ折りにする

前身頃
(裏)

0.2

スリット止まり

1

0.2

0.2

3

0.2

3

⑧前裾→前端→襟ぐりバイアス
→前端→前裾の順に縫う

⑨後ろ裾を三つ折り
にして縫う

Shirt dress with collar

Pattern A　ローウエストにスカートをつけて前あきボタン止めに。台襟つきシャツカラーとシャツ袖

●**実物大型紙　A面[05]**　1- 前身頃、2- 後ろ身頃、3- 袖（共通パターン・シャツ袖）、
　　　　　　　　　　　　　　4- 襟（共通パターン・台襟つき襟）、5- 台襟、6- カフス、7- 剣ボロ（5〜7共通パターン）

○**材料**（左からXS／S／M／Lサイズ）
　やさしいリネン（アンティークホワイト）…
　　110cm幅×380／380／390／400cm
　接着芯…90×130cm
　ボタン…直径1.3cmを15個

○**でき上がり寸法**（左からXS／S／M／Lサイズ）
　着丈…116／118／120／122cm
　バスト…118／121／124／127cm

裁ち合わせ図

縫い方手順

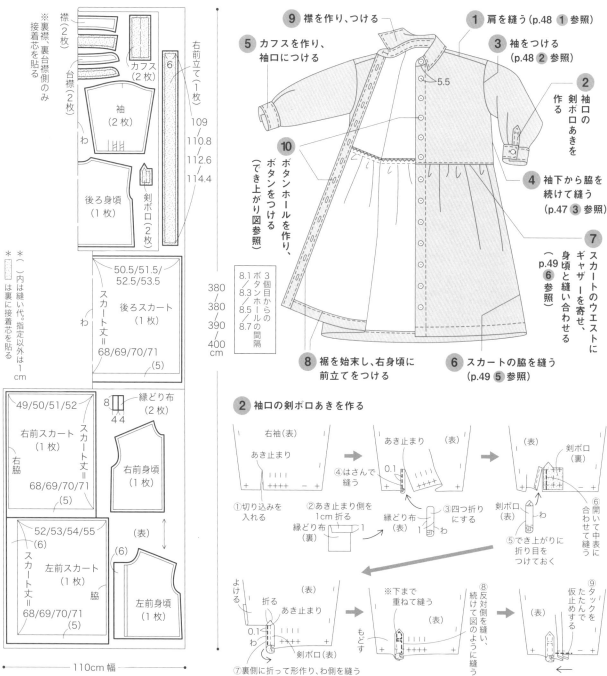

9 襟を作り、つける

5 カフスを作り、袖口につける

10 ボタンホールを作り、ボタンをつける（でき上がり図参照）

3個目からのボタンホールの間隔
8.1／8.3／8.5／8.7

8 裾を始末し、右身頃に前立てをつける

1 肩を縫う（p.48 **1** 参照）

3 袖をつける（p.48 **2** 参照）

2 袖口の剣ボロあきを作る

4 袖下から脇を続けて縫う（p.47 **3** 参照）

7 スカートのウエストにギャザーを寄せ、身頃と縫い合わせる（p.49 **6** 参照）

6 スカートの脇を縫う（p.49 **5** 参照）

5.5

裁ち合わせ図 内訳

襟（2枚）
※裏襟、裏台襟側に接着芯を貼る
裏襟、裏台襟側のみ接着芯を貼る

カフス（2枚）
台襟（2枚）
袖（2枚）
わ
後ろ身頃（1枚）
剣ボロ（2枚）

右前立て（1枚）
6
109
110.8
112.6
114.4

※（　）内は縫い代。指定以外は1cm
※ □ は裏に接着芯を貼る

後ろスカート（1枚）
50.5/51.5/52.5/53.5
スカート丈＝68/69/70/71（5）
わ

右前スカート（1枚）
49/50/51/52
右脇
スカート丈＝68/69/70/71（5）

右前身頃（1枚）

縁どり布（2枚）
8　4　4

左前スカート（1枚）
52/53/54/55（6）
スカート丈＝68/69/70/71（5）
脇

左前身頃（1枚）
（表）
（6）

380／380／390／400cm

← 110cm幅 →

2　袖口の剣ボロあきを作る

右袖（表）
あき止まり
①切り込みを入れる

あき止まり側（表）
②あき止まり側を1cm折る
縁どり布（裏）
④はさんで縫う
0.1
縁どり布（表）
③四つ折りにする
1　わ
1

（表）
剣ボロあき
剣ボロ（表）
わ
⑤でき上がりに折り目をつけておく
⑥開いて中表に合わせて縫う

よける
折る
あき止まり
0.1
わ
剣ボロ（表）
⑦裏側に折って形作り、わ側を縫う

（表）
※下まで重ねて縫う
もどす
⑧反対側を縫い、続けて図のように縫う

（表）
⑨タックをたたんで仮止めする

5 カフスを作り、袖口につける

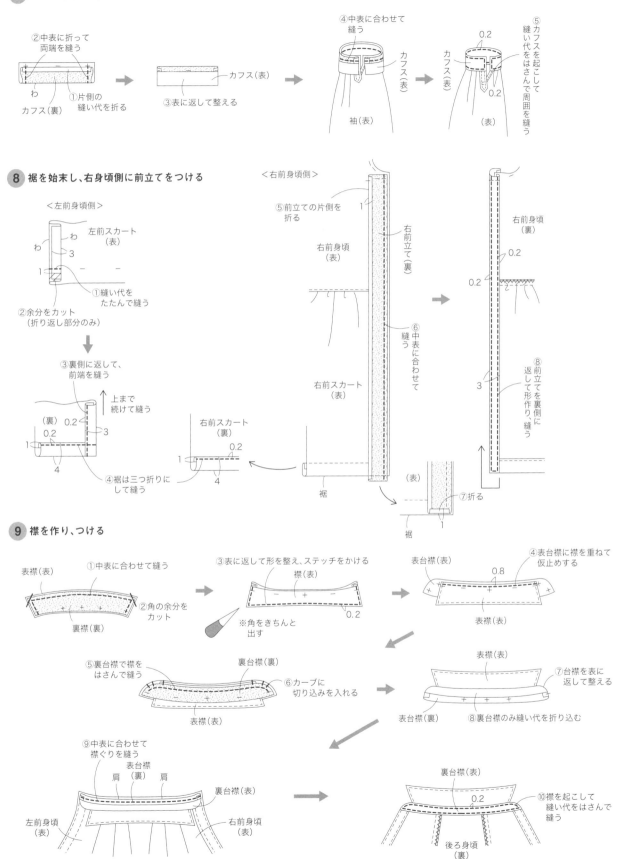

②中表に折って両端を縫う

わ

①片側の縫い代を折る

カフス（裏）

③表に返して整える

カフス（表）

④中表に合わせて縫う

カフス（表）

袖（表）

0.2

⑤カフスを起こして縫い代をはさんで周囲を縫う

カフス（表）

0.2

（表）

8 裾を始末し、右身頃側に前立てをつける

＜左前身頃側＞

左前スカート（表）

わ

わ

3

1

①縫い代をたたんで縫う

②余分をカット（折り返し部分のみ）

③裏側に返して、前端を縫う

上まで続けて縫う

（裏）0.2

1　0.2　3

4

④裾は三つ折りにして縫う

右前スカート（裏）

1　0.2

4

＜右前身頃側＞

⑤前立ての片側を折る

右前身頃（表）

右前立て（裏）

⑥中表に合わせて縫う

右前スカート（表）

裾

⑦折る

裾

1

右前身頃（裏）

0.2

0.2

2

3

⑧前立てを裏側に返して形作り、縫う

9 襟を作り、つける

表襟（表）

①中表に合わせて縫う

裏襟（裏）

②角の余分をカット

③表に返して形を整え、ステッチをかける

襟（表）

－　＋　－

0.2

※角をきちんと出す

表台襟（表）

0.8

④表台襟に襟を重ねて仮止めする

表襟（表）

⑤裏台襟で襟をはさんで縫う

裏台襟（裏）

⑥カーブに切り込みを入れる

表襟（表）

表襟（表）

⑦台襟を表に返して整える

表台襟（裏）

⑧裏台襟のみ縫い代を折り込む

⑨中表に合わせて襟ぐりを縫う

表台襟（裏）

肩　肩

裏台襟（表）

左前身頃（表）

右前身頃（表）

裏台襟（表）

0.2

⑩襟を起こして縫い代をはさんで縫う

後ろ身頃（裏）

Gatherd dress

Pattern C　後ろあき見返し始末のループ止め。半袖。

●実物大型紙　C面 [14]　　1-前身頃、2-前見返し、3-後ろ身頃、4-後ろ見返し
　　　　　　　A面共通パターン [14]　　5-袖 (半袖)

○**材料** (左から XS ／ S ／ M ／ L サイズ)
コットンローンワッシャー (ベージュ) …
　140㎝幅×280 ／ 280 ／ 290 ／ 300㎝
接着芯…90×20㎝
ボタン…直径 1.15㎝を 1 個
ゴムテープ…3㎝幅をウエスト寸法＋2㎝
＊ ゴムテープは先に切らずにウエストベルトに通して
　から切るとよい。

○**でき上がり寸法** (左から XS ／ S ／ M ／ L サイズ)
着丈…117 ／ 119 ／ 121 ／ 123㎝
バスト…128 ／ 131 ／ 134 ／ 137㎝

裁ち合わせ図

前見返し (0)
袖 (2枚) (3)
後ろ見返し (2枚)
(0)
前身頃 (1枚)
わ
後ろ身頃 (2枚)
4　4
7
2
布ループ (1枚)
47
48.5
50
51.5
ウエストベルト (4枚)
280 / 280 / 290 / 300 cm
前スカート (1枚)
※寸法は後ろスカートと同じ
(6)
布幅いっぱいに裁つ
スカート丈 72/73/74/75
後ろスカート (1枚)
(6)
140cm幅

＊ ( ) 内は縫い代。指定以外は 1cm
＊ ░░░ は裏に接着芯を貼る
＊ 〜〜〜 はジグザグミシンをかける

縫い方手順

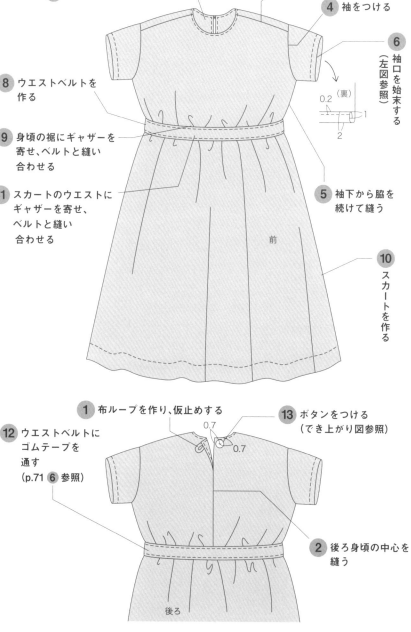

3 肩を縫う
4 袖をつける
7 見返しを作り、つける
6 袖口を始末する (左図参照)
0.2 (裏) 1 2
8 ウエストベルトを作る
9 身頃の裾にギャザーを寄せ、ベルトと縫い合わせる
11 スカートのウエストにギャザーを寄せ、ベルトと縫い合わせる
5 袖下から脇を続けて縫う
前
10 スカートを作る

1 布ループを作り、仮止めする
0.7
13 ボタンをつける (でき上がり図参照)
0.7
12 ウエストベルトにゴムテープを通す (p.71 **6** 参照)
2 後ろ身頃の中心を縫う
後ろ

1 布ループを作り、仮止めする

①中表に半分に折って細かい針目で
図の通りに縫う

7
2
布ループ(裏)

0.3　わ

②余分をカット
0.2

③針に糸を通して玉止めし、
片端に縫いつける。
針穴の方から中に通す

④表に返して整え、
5cmにカットする
5

1.5
布ループ

左後ろ身頃
(表)

⑤縫い代内に
仮止めする

2 後ろ身頃の中心を縫う

①中表に合わせて縫う

9
あき止まり

後ろ身頃
(裏)

後ろ身頃
(表)

②縫い代を割る

3 肩を縫う

後ろ身頃(裏)

①中表に
合わせて縫う

②2枚一緒にジグザグミシンを
かけ、
後ろ側に倒す

前身頃(裏)

4 袖をつける

①中表に
合わせて縫う

後ろ身頃
(裏)

袖
(裏)

前身頃
(裏)

②2枚一緒に
ジグザグミシンをかけ、
身頃側に倒す

5 袖下から脇を続けて縫う

袖
(裏)

①中表に
合わせて縫う

前身頃
(裏)

②2枚一緒に
ジグザグミシンを
かけ、
後ろ側に倒す

後ろ身頃
(裏)

7 見返しを作り、つける

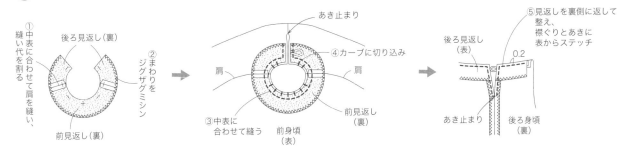

①中表に合わせて肩を縫い、縫い代を割る

後ろ見返し(裏)

②まわりをジグザグミシン

前見返し(裏)

あき止まり

④カーブに切り込み

肩　　肩

③中表に
合わせて縫う

前身頃
(表)

前見返し
(裏)

⑤見返しを裏側に返して
整え、
襟ぐりとあきに
表からステッチ

後ろ見返し
(表)

0.2

あき止まり

後ろ身頃
(裏)

8 ウエストベルトを作る

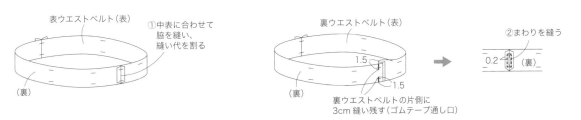

表ウエストベルト(表)

①中表に合わせて
脇を縫い、
縫い代を割る

(裏)

裏ウエストベルト(表)

1.5

1.5

裏ウエストベルトの片側に
3cm縫い残す(ゴムテープ通し口)

②まわりを縫う

0.2　(裏)

9 身頃の裾にギャザーを寄せ、ウエストベルトと縫い合わせる

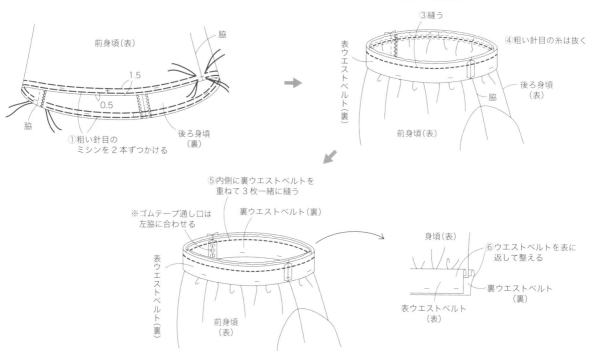

②表ウエストベルトと中表に合わせて①の糸を引き、
　ギャザーを寄せる

③縫う

④粗い針目の糸は抜く

表ウエストベルト（裏）

前身頃（表）

脇

1.5

0.5

①粗い針目の
　ミシンを2本ずつかける

脇

後ろ身頃（裏）

後ろ身頃（表）

脇

前身頃（表）

⑤内側に裏ウエストベルトを
　重ねて3枚一緒に縫う

※ゴムテープ通し口は
　左脇に合わせる

裏ウエストベルト（裏）

表ウエストベルト（裏）

前身頃（表）

身頃（表）

⑥ウエストベルトを表に
　返して整える

裏ウエストベルト
（裏）

表ウエストベルト
（表）

---

10 スカートを作る

④前、後ろスカートのウエストに
　それぞれ粗い針目の
　ミシンを2本ずつかける

0.5　1.5

①中表に合わせて
　脇を縫う

②2枚一緒に
　ジグザグミシンをかけ、
　後ろ側に倒す

前スカート
（裏）

後ろスカート
（裏）

脇

0.2

1

裾　5

③裾を三つ折りにして縫う

---

11 スカートのウエストにギャザーを寄せ、
　ウエストベルトと縫い合わせる

①表ウエストベルトとスカートを中表に合わせて、
　粗い針目のミシン糸を引きギャザーを寄せる

後ろスカート
（裏）

②表ウエストベルトと
　スカートを縫う

表ウエストベルト（裏）

脇

※裏ウエストベルトは
　よける

前身頃（裏）

身頃（裏）

0.2

裏ウエストベルト（表）

表ウエストベルト（裏）

0.2

③裏ウエストベルトをかぶせて
　形作り（しつけをする）、
　表からステッチをかける

スカート
（裏）

Pattern B　ヨーク切り替えの後ろあきボタン止め。5分丈のパフスリーブ。

● 実物大型紙　**B面[09]**　　1- 前ヨーク、2- 前見返し、3- 前身頃、4- 後ろヨーク、5- 後ろ見返し、6- 後ろ身頃
　　　　　　　A面共通パターン[09]　　7- 袖（5分パフスリーブ）

○ **材料**（左からXS ／ S ／ M ／ Lサイズ）
　やさしいリネン（トープ）…
　　110cm幅× 310 ／ 310 ／ 320 ／ 330cm
　接着芯…90 × 50cm
　ボタン…直径 1.1cmを 6 個

○ **でき上がり寸法**（左からXS ／ S ／ M ／ Lサイズ）
　着丈…110 ／ 112 ／ 114 ／ 116cm
　バスト…118 ／ 121 ／ 124 ／ 127cm

裁ち合わせ図

後ろヨーク（2枚）　袖（2枚）
※1枚はパターンを反転させて裁つ
(5)
(5)
(5)

前見返し（1枚）
前ヨーク（1枚）
前（0）(0)後
ろ見返し（2枚）
(0)
カフス（2枚）
31
31.5
32
32.5

わ
前身頃（1枚）
(5)

310
310
320
330
cm

後ろ身頃（1枚）
(5)

← 110cm幅 →

＊（　）内は縫い代。指定以外は1cm
＊＊　　　は裏に接着芯を貼る
＊＊＊～～～はジグザグミシンをかける

縫い方手順

2 見返しを作り、つけて後ろ端を始末し、ボタンホールを作る（p.47 **5 6** 参照）
＊ただしボタンホールの間隔は下記参照

2個目からのボタンホールの間隔
2.8 ／ 2.9 ／ 3 ／ 3.1

1 肩を縫う（p.46 **1** 参照）

4 袖山にギャザーを寄せ、身頃と縫い合わせる（p.51 **2** 参照）

3 前・後ろ身頃にそれぞれギャザーを寄せて、ヨークと縫い合わせる（p.39 **3** 参照）
＊ただし後ろヨークの左右の重ね方は下図参照

前

6 袖口にギャザーを寄せ、カフスをつける（p.51 **4** 参照）

5 袖下から脇を続けて縫う（p.47 **3** 参照）

7 裾を始末する（左図参照）

0.2 （裏）
1
4

8 ボタンをつける（でき上がり図参照）

1.5

後ろ

3

3 前・後ろ身頃にそれぞれギャザーを寄せて、ヨークと縫い合わせる（p.39 **3** 参照）
＊ただし後ろヨークの左右の重ね方は右図参照

左右の後ろ中心を合わせる
後ろ身頃（表）
左後ろヨーク（裏）　右後ろヨーク（裏）
前ヨーク（裏）

Pattern B　前あきボタン止めのバンドカラー。後ろはヨーク切り替え。

●実物大型紙　**B面 [10]**　1- 前身頃、2- 後ろヨーク、3- 後ろ身頃
　　　　　　　A面共通パターン [10]　4- 襟（台襟）

○**材料**（左からXS／S／M／Lサイズ）
　ナチュラルコットン HOLIDAY（ブラック）…
　　110cm幅×290／290／300／310cm
　接着芯…60×10cm
　ボタン…直径1.3cmを12個

○**でき上がり寸法**（左からXS／S／M／Lサイズ）
　着丈…115／117／119／121cm
　バスト…118／121／124／127cm

裁ち合わせ図

※裏襟のみ接着芯を貼る

襟（2枚）
後ろヨーク（1枚）
袖口布（2枚）
39.5／40／40.5／41
8
わ
前身頃（2枚）（6）
290／290／300／310 cm
後ろ身頃（1枚）
110cm幅

＊（　）内は縫い代。指定以外は1cm
＊▨ は裏に接着芯を貼る
＊〰 はジグザグミシンをかける

縫い方手順

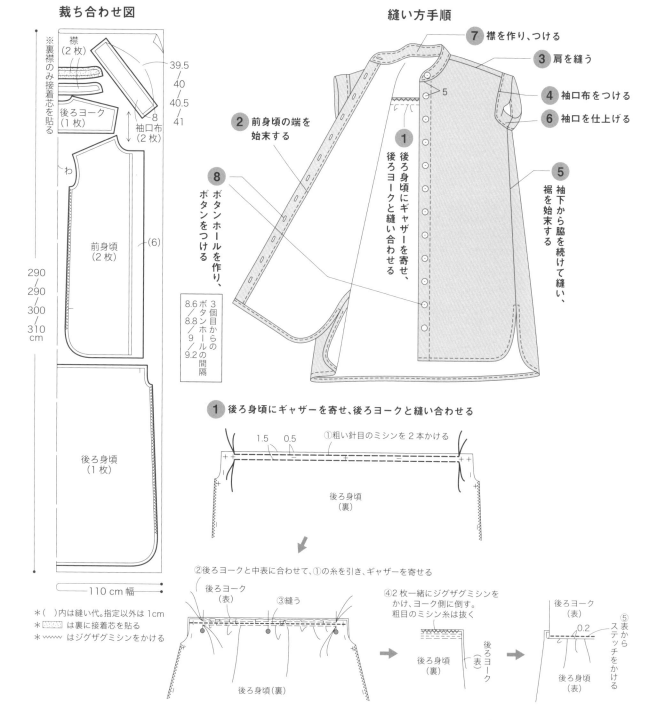

7 襟を作り、つける
3 肩を縫う
4 袖口布をつける
6 袖口を仕上げる
5 袖下から脇を続けて縫い、裾を始末する

2 前身頃の端を始末する

1 後ろ身頃にギャザーを寄せ、後ろヨークと縫い合わせる

8 ボタンホールを作り、ボタンをつける

3個目からのボタンホールの間隔
8.6／8.8／9／9.2

1 後ろ身頃にギャザーを寄せ、後ろヨークと縫い合わせる

①粗い針目のミシンを2本かける
1.5　0.5
後ろ身頃（裏）

②後ろヨークと中表に合わせて、①の糸を引き、ギャザーを寄せる
後ろヨーク（表）
③縫う

④2枚一緒にジグザグミシンをかけ、ヨーク側に倒す。粗目のミシン糸は抜く
後ろ身頃（裏）
後ろヨーク（表）

後ろヨーク（表）
0.2
⑤表からステッチをかける
後ろ身頃（表）

2 前身頃の端を始末する

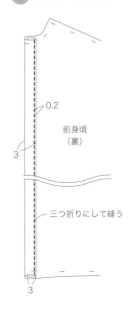

0.2

前身頃（裏）

3

三つ折りにして縫う

3

3 肩を縫う

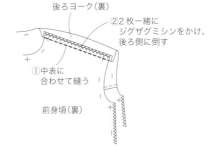

後ろヨーク（裏）

②2枚一緒に
ジグザグミシンをかけ、
後ろ側に倒す

①中表に
合わせて縫う

前身頃（裏）

4 袖口布をつける

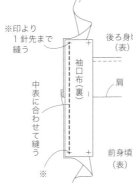

※印より
1針先まで
縫う

後ろ身頃（表）

肩

袖口布（裏）

中表に
合わせて
縫う

前身頃（表）

※

5 袖下から脇を続けて縫い、裾を始末する

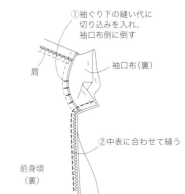

①袖ぐり下の縫い代に
切り込みを入れ、
袖口布側に倒す

袖口布（裏）

肩

②中表に合わせて縫う

前身頃（裏）

③縫い代を割る

スリット止まり

0.5

0.5

⑥三つ折りに
して縫う。
粗い針目の糸
は抜く

⑤糸を引き、
カーブを作る

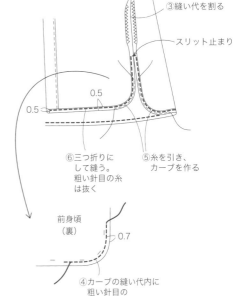

前身頃（裏）

0.7

④カーブの縫い代内に
粗い針目の
ミシンをかける

6 袖口を仕上げる

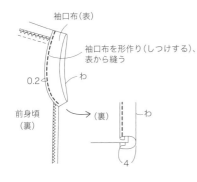

袖口布（表）

袖口布を形作り（しつけする）、
表から縫う

0.2

わ

前身頃（裏）

（裏）

わ

4

7 襟を作り、つける

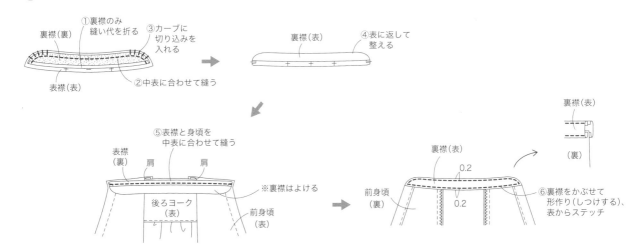

裏襟（裏）

①裏襟のみ
縫い代を折る

③カーブに
切り込みを
入れる

表襟（表）

②中表に合わせて縫う

裏襟（表）

④表に返して
整える

⑤表襟と身頃を
中表に合わせて縫う

表襟（裏）

肩

肩

※裏襟はよける

後ろヨーク（表）

前身頃（表）

裏襟（表）

0.2

0.2

前身頃（裏）

裏襟（表）

（裏）

⑥裏襟をかぶせて
形作り（しつけする）、
表からステッチ

flare dres

Pattern C　後ろヨークの後ろあきボタン止め。長袖。

●実物大型紙　**C 面 [15]**　1- 前身頃、2- 前見返し、3- 後ろヨーク、4- 後ろ身頃、5- 後ろ見返し、6- 袋布
　　　　　　A 面共通パターン [15]　7- 袖（長袖）

○材料（左から XS ／ S ／ M ／ L サイズ）
　ラミーリネンビエラダメージダイド（モカ）…
　　　　108cm幅× 350 ／ 350 ／ 360 ／ 360cm
　接着芯…90 × 30cm
　伸び止め接着テープ…1.2cm幅を 50cm
　ボタン…直径 1.15cm を 5 個

○でき上がり寸法（左から XS ／ S ／ M ／ L サイズ）
　着丈…115.5 ／ 117.5 ／ 119.5 ／ 121.5cm
　バスト…128 ／ 131 ／ 134 ／ 137cm

裁ち合わせ図

縫い方手順

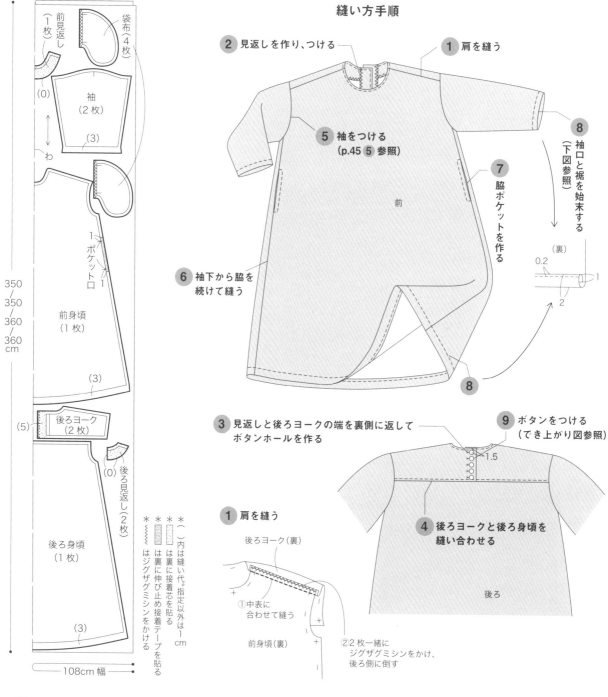

2　見返しを作り、つける

1　肩を縫う

5　袖をつける
（p.45 5 参照）

8　袖口と裾を始末する
（下図参照）

7　脇ポケットを作る

6　袖下から脇を続けて縫う

（裏）　0.2　1　2

前

3　見返しと後ろヨークの端を裏側に返してボタンホールを作る

9　ボタンをつける
（でき上がり図参照）

1.5

4　後ろヨークと後ろ身頃を縫い合わせる

後ろ

1　肩を縫う

後ろヨーク（裏）

①中表に合わせて縫う

前身頃（裏）

②2 枚一緒にジグザグミシンをかけ、後ろ側に倒す

裁ち合わせ図のラベル：
前見返し（1枚）
袋布（4枚）
袖（2枚）
わ
（0）（3）
ポケット口
1　1
前身頃（1枚）
（3）
後ろヨーク（2枚）
（5）（0）
後ろ見返し（2枚）
後ろ身頃（1枚）
（3）
350/350/360/360cm
108cm 幅

＊（ ）内は縫い代。指定以外は 1cm
＊ は裏に接着芯を貼る
＊ は裏に伸び止め接着テープを貼る
＊〜〜 はジグザグミシンをかける

② 見返しを作り、つける

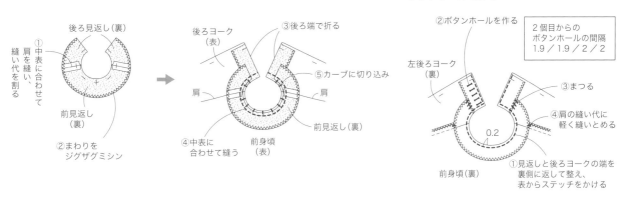

後ろ見返し(裏)

①中表に合わせて肩を縫い、縫い代を割る

前見返し(裏)

②まわりをジグザグミシン

後ろヨーク(表)

③後ろ端で折る

肩

肩

⑤カーブに切り込み

前見返し(裏)

④中表に合わせて縫う

前身頃(表)

③ 見返しと後ろヨークの端を裏側に返してボタンホールを作る

②ボタンホールを作る

左後ろヨーク(裏)

2個目からのボタンホールの間隔
1.9／1.9／2／2

左後ろヨーク(裏)

③まつる

④肩の縫い代に軽く縫いとめる

0.2

①見返しと後ろヨークの端を裏側に返して整え、表からステッチをかける

前身頃(裏)

④ 後ろヨークと後ろ身頃を縫い合わせる

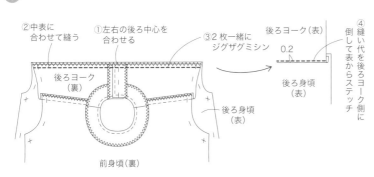

②中表に合わせて縫う

①左右の後ろ中心を合わせる

③2枚一緒にジグザグミシン

後ろヨーク(表)

0.2

④縫い代を後ろヨーク側に倒して表からステッチ

後ろ身頃(表)

後ろヨーク(裏)

後ろ身頃(表)

前身頃(裏)

⑥ 袖下から脇を続けて縫う

袖(裏)

①1枚ずつ袖下から脇の縫い代に続けてジグザグミシン

※ポケット口を縫い残す

②中表に合わせて縫う

③縫い代を割る

前身頃(裏)

後ろ身頃(裏)

⑦ 脇ポケットを作る

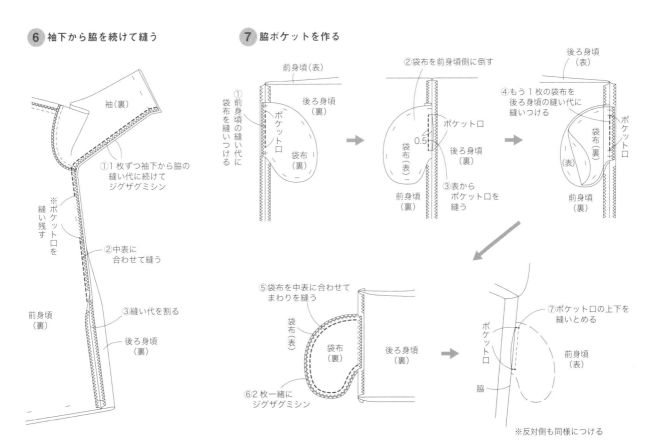

前身頃(表)

①前身頃の縫い代に袋布を縫いつける

後ろ身頃(裏)

ポケット口

袋布(裏)

②袋布を前身頃側に倒す

ポケット口

0.5

袋布(表)

後ろ身頃(裏)

③表からポケット口を縫う

前身頃(裏)

後ろ身頃(表)

④もう1枚の袋布を後ろ身頃の縫い代に縫いつける

袋布(裏)

ポケット口

袋布(表)

前身頃(裏)

⑤袋布を中表に合わせてまわりを縫う

袋布(表)

袋布(裏)

後ろ身頃(裏)

⑥2枚一緒にジグザグミシン

⑦ポケット口の上下を縫いとめる

ポケット口

前身頃(表)

脇

※反対側も同様につける

Blouse with frilled collar

Pattern A　フリル襟をつけた後ろあきループ止め。長袖のパフスリーブ。

●実物大型紙　A面[06]　1-前身頃、2-後ろ身頃、3-袖（共通パターン・長袖パフスリーブ）

○材料（左からXS／S／M／Lサイズ）
洗いこまれたベルギーリネンローン（オフホワイト）
　…108cm幅×240／240／250／260cm
接着芯…30×40cm
伸び止め接着テープ…0.5cm幅を50cm
ボタン…直径1cmを1個

○でき上がり寸法（左からXS／S／M／Lサイズ）
着丈…58／59／60／61cm
バスト…118／121／124／127cm

裁ち合わせ図

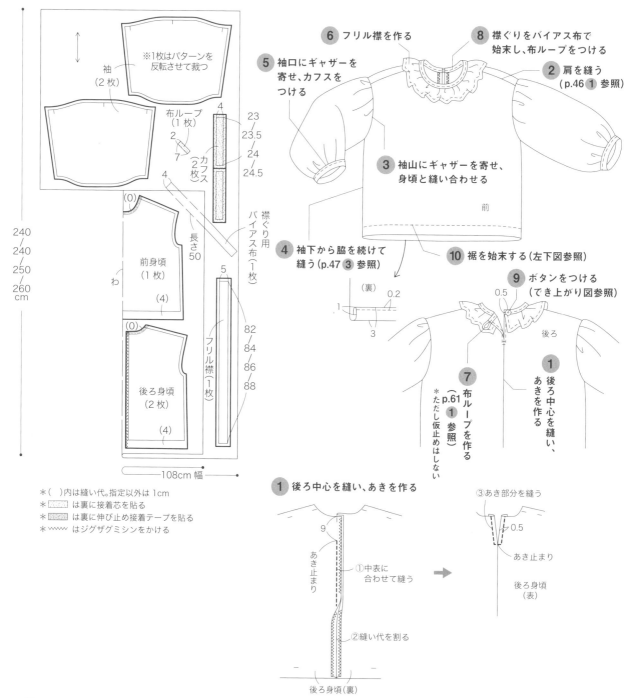

縫い方手順

6 フリル襟を作る

8 襟ぐりをバイアス布で始末し、布ループをつける

5 袖口にギャザーを寄せ、カフスをつける

2 肩を縫う（p.46 **1** 参照）

3 袖山にギャザーを寄せ、身頃と縫い合わせる

前

4 袖下から脇を続けて縫う（p.47 **3** 参照）

10 裾を始末する（左下図参照）

9 ボタンをつける（でき上がり図参照）

後ろ

1 後ろ中心を縫い、あきを作る

7 布ループを作る（p.61 **1** 参照）
＊ただし仮止めはしない

1 後ろ中心を縫い、あきを作る

①中表に合わせて縫う
あき止まり
②縫い代を割る
後ろ身頃（裏）

③あき部分を縫う
あき止まり
後ろ身頃（表）

袖（2枚）
※1枚はパターンを反転させて裁つ

布ループ（1枚）

カフス（2枚）
23／23.5／24／24.5

襟ぐり用バイアス布（1枚）
長さ50

前身頃（1枚）
わ

フリル襟（1枚）
82／84／86／88

後ろ身頃（2枚）

240／240／250／260 cm

108cm幅

＊（　）内は縫い代。指定以外は1cm
＊ は裏に接着芯を貼る
＊ は裏に伸び止め接着テープを貼る
＊ はジグザグミシンをかける

3 袖山にギャザーを寄せ、身頃と縫い合わせる

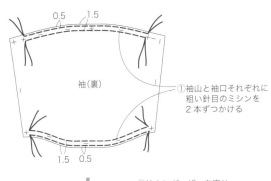

0.5 1.5

1.5 0.5

袖(裏)

①袖山と袖口それぞれに
粗い針目のミシンを
2本ずつかける

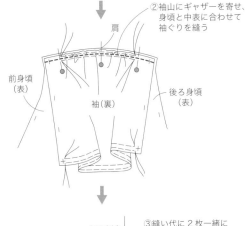

②袖山にギャザーを寄せ、
身頃と中表に合わせて
袖ぐりを縫う

肩

前身頃
(表)

後ろ身頃
(表)

袖(裏)

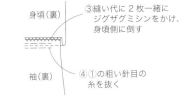

身頃(裏)

袖(裏)

③縫い代に2枚一緒に
ジグザグミシンをかけ、
身頃側に倒す

④①の粗い針目の
糸を抜く

6 フリル襟を作る

②粗い針目のミシンを
2本かける

0.5 1.5

0.5

0.5

0.5 0.5

0.1

0.5

フリル襟(裏)

①下と左右の縫い代を
三つ折りにして縫う

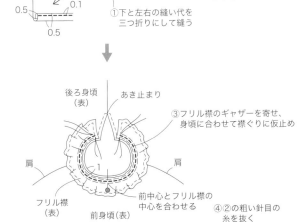

後ろ身頃
(表)

あき止まり

肩 肩

フリル襟
(表)

前身頃(表)

③フリル襟のギャザーを寄せ、
身頃に合わせて襟ぐりに仮止め

前中心とフリル襟の
中心を合わせる

④②の粗い針目の
糸を抜く

1

5 袖口にギャザーを寄せ、カフスをつける

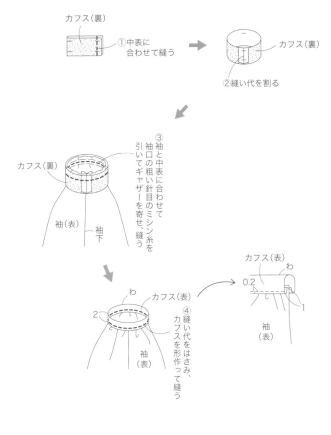

カフス(裏)

①中表に
合わせて縫う

カフス(裏)

②縫い代を割る

カフス(裏)

③袖と中表に合わせて袖口の粗い針目のミシン糸を引いてギャザーを寄せ、縫う

袖(表) 袖下

わ カフス(表)

2

④縫い代をはさみ、カフスを形作って縫う

袖(表)

カフス(表) わ

0.2

1

袖(表)

8 襟ぐりをバイアス布で始末し、布ループをつける

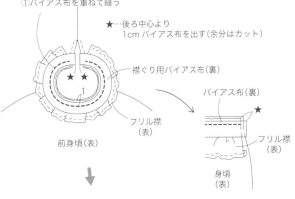

①バイアス布を重ねて縫う

★…後ろ中心より
1cmバイアス布を出す(余分はカット)

襟ぐり用バイアス布(裏)

★★

1

フリル襟
(表)

前身頃(表)

バイアス布(裏) ★

フリル襟
(表)

身頃
(表)

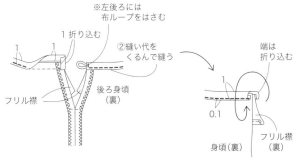

※左後ろには
布ループをはさむ

1折り込む

1 1

①縫い代をくるんで縫う

フリル襟

後ろ身頃
(裏)

端は
折り込む

1

0.1

身頃(裏)

フリル襟
(裏)

●実物大型紙　C面 [16]　1- 前パンツ、2- 後ろパンツ、3- 袋布

○**材料** (左からXS／S／M／Lサイズ)
コットンライトキャンバス (チャコールグレー)
…112cm幅×240／240／250／260cm
＊(生地違い)フレンチコーデュロイ太うね(ヴァニーユ)
…110cm幅 240／240／250／260cm
伸び止め接着テープ…1.2cm幅を50cm
ゴムテープ…3cm幅をウエストサイズ×0.95＋2cm

○**でき上がり寸法** (左からXS／S／M／Lサイズ)
パンツ脇丈…91／92.5／94／95.5cm
ウエスト…98／101／104／107cm

裁ち合わせ図

コットンライトキャンバス
またはフレンチコーデュロイ

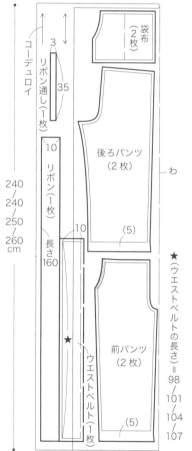

＊( )内は縫い代。指定以外は1cm
＊▨ は裏に伸び止めテープを貼る

※リボン通しとリボンは
　<リボンつきワイドパンツ>のみ

縫い方手順

5　リボン通しを作り、つける

4　ウエストベルトを作り、パンツと縫い合わせる

6　ウエストにゴムテープを通す

1　前パンツにポケットを作る

3　股ぐりを縫う

8　リボンを作る

2　脇と股下を縫う

7　裾を始末する
(右図参照)

1　前パンツにポケットを作る

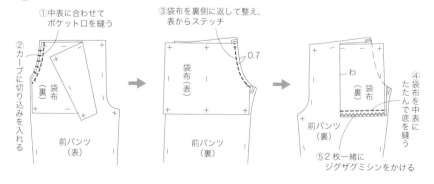

①中表に合わせて
ポケット口を縫う

②カーブに切り込みを入れる

③袋布を裏側に返して整え、
表からステッチ

④袋布を中表に
たたんで底を縫う

⑤2枚一緒に
ジグザグミシンをかける

② 脇と股下を縫う

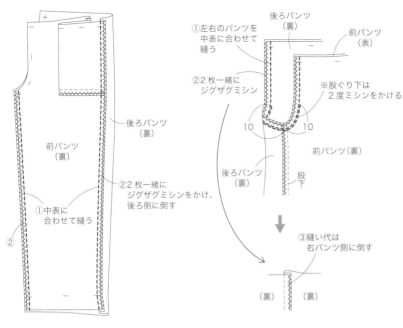

後ろパンツ（裏）

前パンツ（裏）

①中表に合わせて縫う

②2枚一緒にジグザグミシンをかけ、後ろ側に倒す

③ 股ぐりを縫う

①左右のパンツを中表に合わせて縫う

後ろパンツ（裏）

前パンツ（表）

②2枚一緒にジグザグミシン

※股ぐり下は2度ミシンをかける

10　10

後ろパンツ（裏）

前パンツ（裏）

股下

③縫い代は右パンツ側に倒す

（裏）　（裏）

④ ウエストベルトを作り、パンツと縫い合わせる

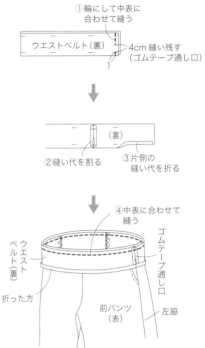

①輪にして中表に合わせて縫う

ウエストベルト（裏）

4cm縫い残す（ゴムテープ通し口）

②縫い代を割る

③片側の縫い代を折る

④中表に合わせて縫う

ウエストベルト（裏）

ゴムテープ通し口

折った方

前パンツ（表）

左脇

⑤ウエストベルトを形作り（しつけをする）、表から落としミシン

ウエストベルト（表）

⑥上端から1cmのところをステッチ

前パンツ（表）

⑤ リボン通しを作り、つける

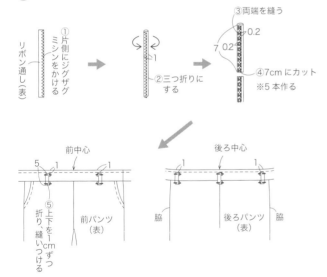

リボン通し（表）

①片側にジグザグミシンをかける

②三つ折りにする

③両端を縫う

0.2

7　0.2

④7cmにカット
※5本作る

前中心

5　1

⑤上下を1cmずつ折り、縫いつける

前パンツ（表）

後ろ中心

1　1

脇　後ろパンツ（表）　脇

⑥ ウエストにゴムテープを通す

ゴムテープを通してウエストのサイズに合わせて余分をカットし重ねて縫う

前パンツ（裏）

⑧ リボンを作る

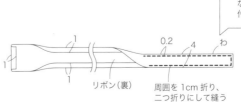

1　0.2　4　わ

1　1

リボン（裏）

周囲を1cm折り、二つ折りにして縫う

Point
※リボンはp.73のテーパードパンツのベルトと幅が一緒なので、両方作って付け替えることもできます。

71

●実物大型紙　C面［17］　　1- 前パンツ、2- 後ろパンツ、3- 袋布、4- 後ろポケット

○材料（左からXS ／ S ／ M ／ L サイズ）
　チノクロス（ベージュ）…
　　110cm幅×250 ／ 250 ／ 260 ／ 270cm
　＊（生地違い）デニム…
　　110cm幅×250 ／ 250 ／ 260 ／ 270cm
　伸び止め接着テープ…1.2cm幅を50cm
　ゴムテープ…3cm幅をウエストサイズ×0.95 ＋2cm
　＊ ゴムテープは先に切らずにウエストベルトに通して
　　から切るとよい。
　Dカン…内径4cmを2個

○でき上がり寸法（左からXS ／ S ／ M ／ L サイズ）
　パンツ脇丈…90 ／ 91.5 ／ 93 ／ 94.5cm
　ウエスト…98 ／ 101 ／ 104 ／ 107cm

裁ち合わせ図

チノクロスまたはデニム

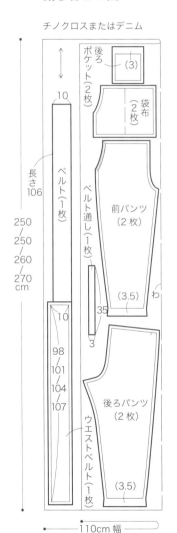

＊（ ）内は縫い代。指定以外は1cm
＊ 　　　　は裏に伸び止めテープを貼る

縫い方手順

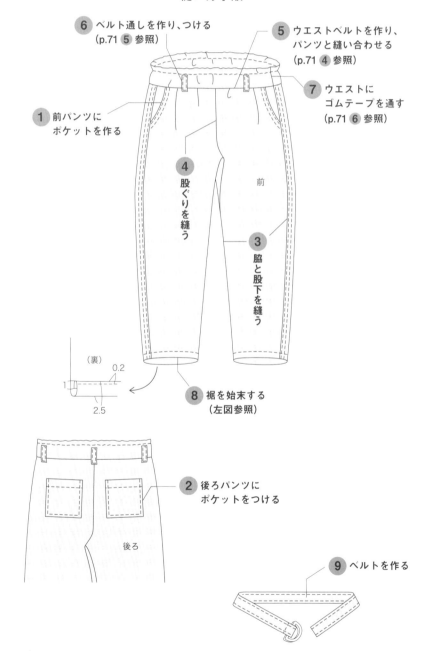

6 ベルト通しを作り、つける
　（p.71 5 参照）

5 ウエストベルトを作り、
　パンツと縫い合わせる
　（p.71 4 参照）

1 前パンツに
　ポケットを作る

7 ウエストに
　ゴムテープを通す
　（p.71 6 参照）

4 股ぐりを縫う

3 脇と股下を縫う

8 裾を始末する
　（左図参照）

2 後ろパンツに
　ポケットをつける

9 ベルトを作る

1 前パンツにポケットを作る

①中表に合わせて
ポケット口を縫う

②カーブに切り込みを入れる

袋布（裏）

前パンツ（表）

③袋布を裏側に返して整え、表からダブルステッチ

0.7
0.1

袋布（表）

前パンツ（裏）

わ
袋布（裏）

前パンツ（裏）

④袋布を中表にたたんで底を縫う

⑤2枚一緒にジグザグミシンをかける

2 後ろパンツにポケットをつける

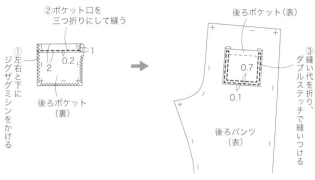

②ポケット口を三つ折りにして縫う

①左右と下にジグザグミシンをかける

1
0.2
2

後ろポケット（裏）

後ろポケット（表）

③縫い代を折り、ダブルステッチで縫いつける

0.7
0.1

後ろパンツ（表）

3 脇と股下を縫う

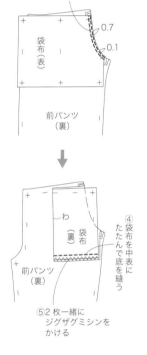

後ろパンツ（裏）

前パンツ（裏）

①中表に合わせて縫う

②2枚一緒にジグザグミシンをかけ、後ろ側に倒す

④中表に合わせて縫う
注：脇にステッチをしてから

⑤2枚一緒にジグザグミシンをかけ後ろ側に倒す

0.1
0.7

後ろパンツ（表）

前パンツ（表）

③脇に表からダブルステッチ

4 股ぐりを縫う

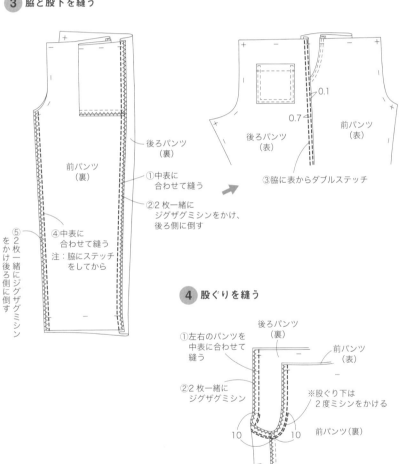

①左右のパンツを中表に合わせて縫う

後ろパンツ（裏）

前パンツ（表）

②2枚一緒にジグザグミシン

※股ぐり下は2度ミシンをかける

前パンツ（裏）

10
10

後ろパンツ（裏）

股下

③縫い代は右パンツ側に倒す

（裏）　（裏）

9 ベルトを作る

1
1
1

0.2
4
わ

ベルト（裏）

周囲を1cm折り、二つ折りにして縫う

Dカン2個

1
4
わ

②片側にDカンを通して縫いとめる

●実物大型紙　D面［18］　1- 前スカート、2- 後ろスカート、3- 袋布、4- 脇布

○**材料**（左からXS ／ S ／ M ／ Lサイズ）
チノクロス（黒）…
148cm幅× 270 ／ 270 ／ 280 ／ 290cm
＊（生地違い）デニム…
140cm幅× 270 ／ 270 ／ 280 ／ 290cm
接着芯…70 × 30cm
伸び止め接着テープ…1.2cm幅を50cm
ゴムテープ…3cm幅を 33 ／ 34.5 ／ 36 ／ 37.5cm
＊ ゴムテープは先に切らずにウエストベルトに通して
から切るとよい。

○**でき上がり寸法**（左からXS ／ S ／ M ／ Lサイズ）
スカート丈…82 ／ 83.5 ／ 85 ／ 86.5cm
ウエスト…62 ／ 65 ／ 68 ／ 71cm

裁ち合わせ図

縫い方手順

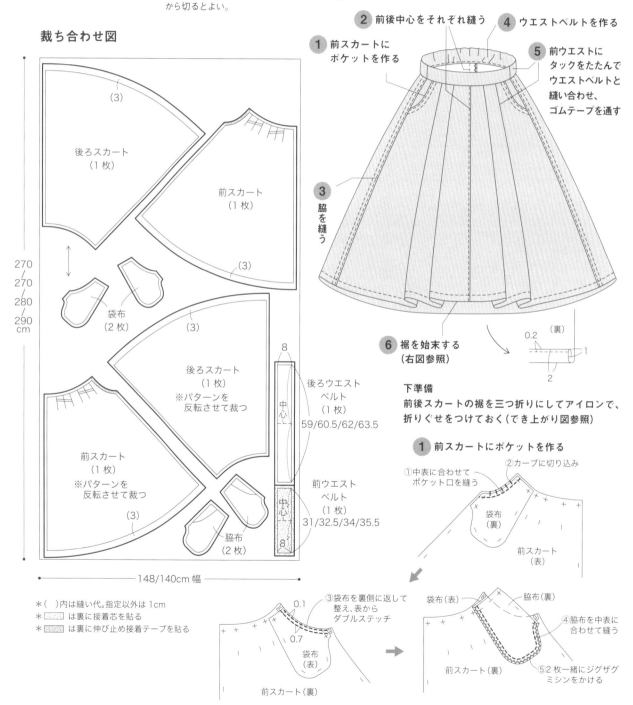

270 / 270 / 280 / 290 cm

148/140cm 幅

＊（　）内は縫い代。指定以外は 1cm
＊ は裏に接着芯を貼る
＊ は裏に伸び止め接着テープを貼る

（裁ち合わせ図内の文字）
後ろスカート（1枚）（3）
前スカート（1枚）（3）
袋布（2枚）
後ろスカート（1枚）※パターンを反転させて裁つ（3）
前スカート（1枚）※パターンを反転させて裁つ（3）
脇布（2枚）
後ろウエストベルト（1枚）59/60.5/62/63.5　中心　8
前ウエストベルト（1枚）31/32.5/34/35.5　中心　8

（縫い方手順の文字）
2　前後中心をそれぞれ縫う
1　前スカートにポケットを作る
4　ウエストベルトを作る
5　前ウエストにタックをたたんでウエストベルトと縫い合わせ、ゴムテープを通す
3　脇を縫う
6　裾を始末する（右図参照）

0.2　（裏）　1　2

下準備
前後スカートの裾を三つ折りにしてアイロンで、折りぐせをつけておく（でき上がり図参照）

1　前スカートにポケットを作る
①中表に合わせてポケット口を縫う
②カーブに切り込み
袋布（裏）
前スカート（表）

0.1
③袋布を裏側に返して整え、表からダブルステッチ
0.7
袋布（表）
前スカート（裏）

袋布（表）　脇布（裏）
④脇布を中表に合わせて縫う
⑤2枚一緒にジグザグミシンをかける
前スカート（裏）

② 前後中心をそれぞれ縫う

前スカート（表）

①中表に合わせて縫う

②2枚一緒にジグザグミシンをかける

前スカート（裏）

0.2

（表）　（表）

③縫い代を右スカート側に倒して表からステッチをかける

※後ろスカートも同様
　ただし③は左スカート側に倒して
　表からステッチをかける

③ 脇を縫う

後ろスカート（表）

②2枚一緒にジグザグミシン

①中表に合わせて縫う

前スカート（裏）

後ろスカート（表）　前スカート（表）

0.1

0.7

③縫い代を後ろ側に倒して表からダブルステッチ

④ ウエストベルトを作る

後ろウエストベルト（表）

①中表に合わせて縫う

片側に3cm縫い残す（ゴムテープ通し口）

①

前ウエストベルト（裏）

1

ゴムテープ

後ろウエストベルト（表）

②縫い代を割る

③ゴムテープを縫いつける

ゴムテープ通し口

前ウエストベルト（裏）

後ろ

ゴムテープ

前

1

ベルト本体に縫いとめる

⑤ 前ウエストにタックをたたんでウエストベルトと縫い合わせ、ゴムテープを通す

①脇に向かってタックをたたみ、縫い代に仮止めミシン

脇　脇

前スカート（表）

前中心

前ウエストベルト（裏）

後ろ中心

②中表に合わせて縫う

脇　脇

後ろウエストベルト（裏）

前中心

前スカート（表）

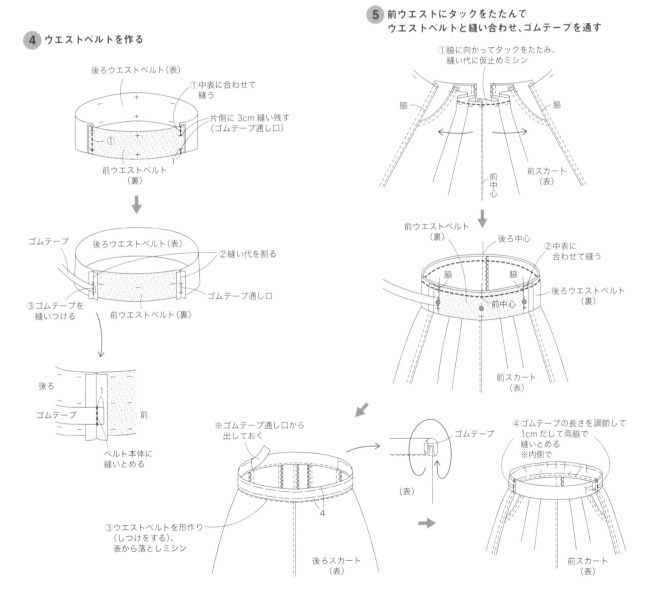

※ゴムテープ通し口から出しておく

ゴムテープ

（表）

④ゴムテープの長さを調節して1cmだして両脇で縫いとめる
※内側で

③ウエストベルトを形作り（しつけをする）、表から落としミシン

4

後ろスカート（表）

前スカート（表）

P.29 タックスカート

Tuck skirt

○**材料**（フリーサイズ）
綿のタイプライター（ベージュ）…
　　　108cm幅×190cm
ゴムテープ…3.5cm幅をウエストサイズ×0.95＋2cm
＊ゴムテープは先に切らずにウエストベルトに通して
　から切るとよい。

○**でき上がり寸法**（フリーサイズ）
スカート丈…80cm
ウエスト…102cm

裁ち合わせ図

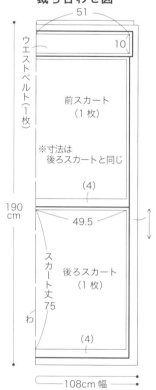

縫い方手順

3 ウエストベルトを輪にする

4 ウエストベルトとスカートを縫い合わせる

5 ウエストにゴムテープを通す

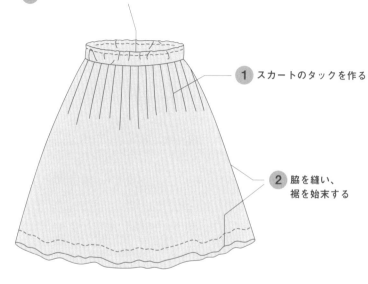

1 スカートのタックを作る

2 脇を縫い、
裾を始末する

1 スカートのタックを作る

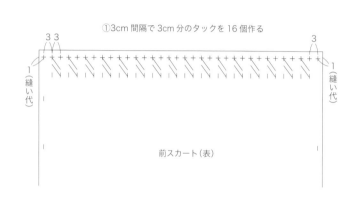

①3cm間隔で3cm分のタックを16個作る

前スカート（表）

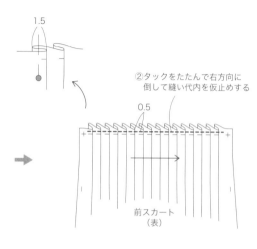

②タックをたたんで右方向に
倒して縫い代内を仮止めする

前スカート
（表）

※後ろスカートも同様に作る

2 脇を縫い、裾を始末する

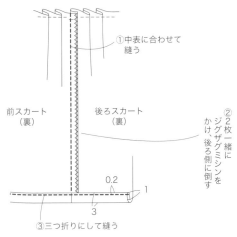

①中表に合わせて縫う

前スカート（裏）

後ろスカート（裏）

②2枚一緒にジグザグミシンをかけ、後ろ側に倒す

0.2

1

3

③三つ折りにして縫う

3 ウエストベルトを輪にする

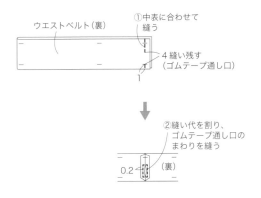

ウエストベルト（裏）

①中表に合わせて縫う

4 縫い残す（ゴムテープ通し口）

1

②縫い代を割り、ゴムテープ通し口のまわりを縫う

0.2

（裏）

4 ウエストベルトとスカートを縫い合わせる

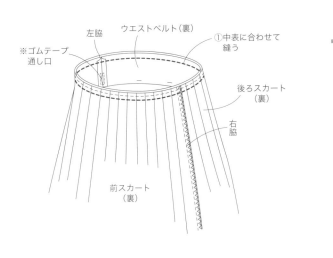

左脇

ウエストベルト（裏）

※ゴムテープ通し口

①中表に合わせて縫う

後ろスカート（裏）

右脇

前スカート（裏）

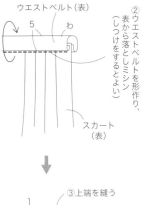

ウエストベルト（表）

5

わ

②ウエストベルトを形作り、表から落としミシン（しつけをするとよい）

スカート（表）

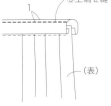

③上端を縫う

1

（表）

5 ウエストベルトにゴムテープを通す

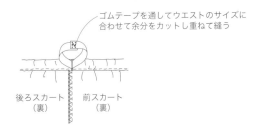

ゴムテープを通してウエストのサイズに合わせて余分をカットし重ねて縫う

後ろスカート（裏）

前スカート（裏）

○材料（フリーサイズ）
　リバティプリント…110cm幅×200cm
　＊（生地違い）やさしいリネン（赤）…
　　　120cm幅×200cm
　コットンローン（さらし）…110cm幅×160cm
　　※表スカートがリネンの場合不要
　ゴムテープ…2.5cm幅を
　　　ウエストサイズ×0.95＋2cm
　＊ゴムテープは先に切らずにウエストベルトに通して
　　から切るとよい。

○でき上がり寸法（フリーサイズ）
　スカート丈…84cm
　ウエスト…100cm

裁ち合わせ図

リバティプリントまたはリネン

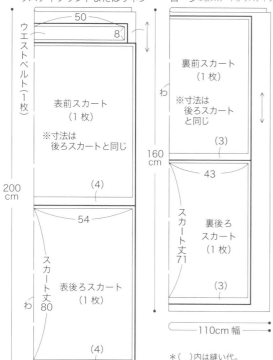

ウエストベルト（1枚）

50
8

表前スカート
（1枚）

※寸法は
後ろスカートと同じ

（4）

200cm

54

スカート丈80

表後ろスカート
（1枚）

わ

（4）

110/120cm幅

ローン※表スカートがリバティプリントのみ

裏前スカート
（1枚）

※寸法は
後ろスカート
と同じ

わ

（3）

160cm

43

スカート丈71

裏後ろ
スカート
（1枚）

（3）

110cm幅

＊（　）内は縫い代。
　指定以外は1cm

縫い方手順
※裏スカートは、表スカートがリネンの場合不要

2　ウエストベルトを輪にする

3　表スカートのウエストに
　　ギャザーを寄せ、
　　ウエストベルトと
　　縫い合わせる

1　表スカートの
　　脇を縫い、
　　裾を始末する

6　裏スカートを表スカートに重ねて縫い、
　　ウエストベルトを仕上げる

7　ウエストにゴムテープを通す
　　（p.77 5 参照）

4　裏スカートのタックを作る

5　裏スカートの脇を縫い、裾を始末する

裏スカート

1　表スカートの脇を縫い、裾を始末する

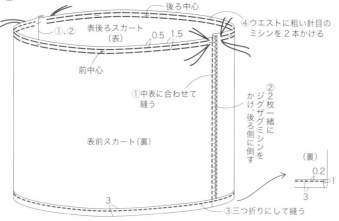

後ろ中心
①、②
表後ろスカート
（表）
0.5　1.5

④ウエストに粗い針目の
　ミシンを2本かける

前中心

①中表に合わせて
　縫う

②2枚一緒に
　ジグザグミシンを
　かけ、後ろ側に倒す

表前スカート（裏）

（裏）
0.2
1
3

3

③三つ折りにして縫う

2 ウエストベルトを輪にする

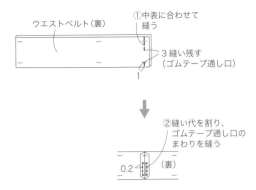

ウエストベルト（裏）

①中表に合わせて縫う

3 縫い残す（ゴムテープ通し口）

1

②縫い代を割り、ゴムテープ通し口のまわりを縫う

0.2 （裏）

3 表スカートのウエストにギャザーを寄せ、ウエストベルトと縫い合わせる

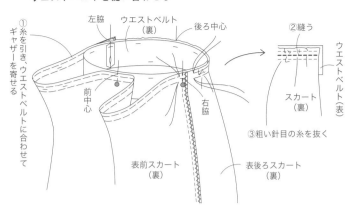

①糸を引き、ウエストベルトに合わせてギャザーを寄せる

左脇　ウエストベルト（裏）　後ろ中心

前中心　右脇

表前スカート（裏）　表後ろスカート（裏）

②縫う

ウエストベルト（表）

スカート（裏）

③粗い針目の糸を抜く

4 裏スカートのタックを作る

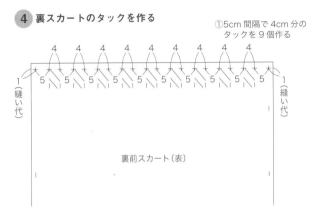

①5cm 間隔で 4cm 分のタックを 9 個作る

4　4　4　4　4　4　4　4　4

1（縫い代）　5　5　5　5　5　5　5　5　5　1（縫い代）

裏前スカート（表）

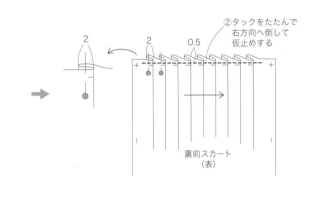

②タックをたたんで右方向へ倒して仮止めする

2　2　0.5

裏前スカート（表）

※裏後ろスカートも同様に作る

5 裏スカートの脇を縫い、裾を始末する

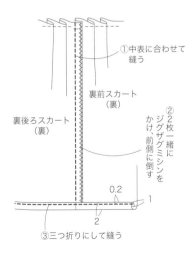

①中表に合わせて縫う

裏前スカート（裏）

裏後ろスカート（裏）

②2枚一緒にジグザグミシンをかけ、前側に倒す

0.2

1

2

③三つ折りにして縫う

6 裏スカートを表スカートに重ねて縫い、ウエストベルトを仕上げる

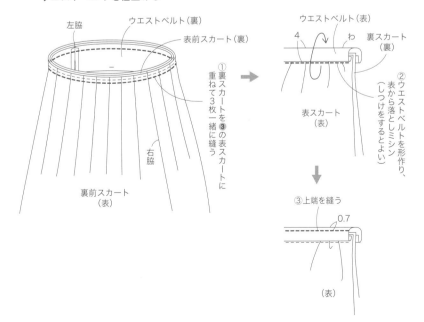

左脇　ウエストベルト（裏）

表前スカート（裏）

①裏スカートを **3** の表スカートに重ねて3枚一緒に縫う

裏前スカート（表）

右脇

ウエストベルト（表）

4　わ　裏スカート（裏）

表スカート（表）

②ウエストベルトを形作り、表から落としミシン（しつけをするとよい）

③上端を縫う

0.7

（表）

●実物大型紙 D面[19] 1-前身頃、2-前見返し、3-後ろ身頃、4-後ろ見返し、5-ポケット、6-袖

○材料（左からXS／S／M／Lサイズ）
　リネンツイル（木いちご）…
　　　150cm幅×270／280／280／290cm
　接着芯…90×120cm
　ボタン…直径2.3cmを5個

○でき上がり寸法（左からXS／S／M／Lサイズ）
　着丈…105.5／107.5／109.5／111.5cm
　バスト…143／146／149／152cm（タック分を含む）

裁ち合わせ図

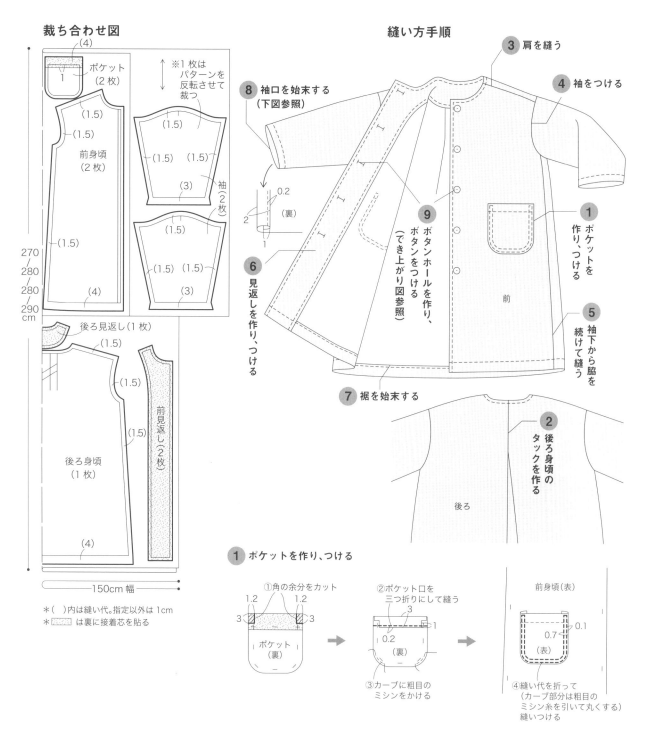

(4)
ポケット（2枚）1
前身頃（2枚）
(1.5)
(1.5)
(1.5)
(1.5)

※1枚はパターンを反転させて裁つ

(1.5)
(1.5) (1.5)
(3)
袖(2枚)
(1.5)
(1.5) (1.5)
(3)

後ろ見返し(1枚)
(1.5)

前見返し(2枚)
(1.5)

後ろ身頃(1枚)
(1.5)

270／280／280／290cm

(4)
(4)
(4)

←150cm幅→

＊（　）内は縫い代。指定以外は1cm
＊ は裏に接着芯を貼る

縫い方手順

8 袖口を始末する（下図参照）

3 肩を縫う

4 袖をつける

0.2
(裏)
2
1

6 見返しを作り、つける

9 ボタンホールを作り、ボタンをつける（でき上がり図参照）

1 ポケットを作り、つける

前

5 袖下から脇を続けて縫う

7 裾を始末する

2 後ろ身頃のタックを作る

後ろ

1 ポケットを作り、つける

①角の余分をカット
1.2　1.2
3　　3
ポケット（裏）

②ポケット口を三つ折りにして縫う
3
1
0.2
(裏)
③カーブに粗目のミシンをかける

前身頃（表）
0.1
0.7
(表)
④縫い代を折って（カーブ部分は粗目のミシン糸を引いて丸くする）縫いつける

2 後ろ身頃のタックを作る

①中表に合わせて縫う

縫い止まり

★

わ

後ろ身頃
(裏)

②たたむ

(裏)

※よける

③タックをつまんで、底を縫う

(裏)

★

※よける

(裏)

④反対側の底も縫う

★

★

(裏)

★ ★

3 肩を縫う

後ろ身頃(裏)

②2枚一緒にジグザグミシンをかけ、後ろ側に倒す

①中表に合わせて縫う

前身頃(裏)

4 袖をつける

①中表に合わせて縫う

後ろ身頃
(裏)

袖(裏)

前身頃
(裏)

②2枚一緒にジグザグミシンをかけ、身頃側に倒す

5 袖下から脇を続けて縫う

袖(裏)

②2枚一緒にジグザグミシンをかけ、後ろ側に倒す

前身頃
(裏)

①中表に合わせて縫う

6 見返しを作り、つける

後ろ見返し
(裏)

①中表に合わせて肩を縫い、縫い代を割る

②まわりにぐるっとジグザグミシンをかける

前見返し(裏)

0.7

前見返し(裏)

③縫い代を折って縫う

後ろ身頃
(表)

⑤カーブに切り込みを入れる

⑥角の余分をカットする

前身頃
(表)

④中表に合わせて縫う

前見返し(裏)

⑦余分をカットする

1.5

7 裾を始末する

0.7

①見返しを裏側に返して整え、表からステッチをかける

前身頃
(裏)

前見返し(表)

1

3

②裾を三つ折りにして縫う

Soutien color coat

●実物大型紙　D面[20]　　1- 前身頃、 2- 前見返し、 3- 後ろ身頃、 4- 後ろ見返し、 5- ポケット、
　　　　　　　　　　　　　　6- 袖、 7- 袖口ベルト、 8- 襟

○**材料**（左からXS／S／M／Lサイズ）
コットン / ポリエステル交織ギャバ（ライトベージュ）
…150cm幅×310／310／320／330cm
接着芯…90×120cm
前あき用ボタン…直径2.3cmを5個
袖口用ボタン…直径1.8cmを2個

○**でき上がり寸法**（左からXS／S／M／Lサイズ）
着丈…105.5／107.5／109.5／111.5cm
バスト…143／146／149／152cm（タック分を含む）

裁ち合わせ図

裏襟
（1枚）

(1.5)

※1枚はパターンを反転させて裁つ

前身頃
（2枚）

(1.5)　(1.5)

(1.5)

(1.5)

(3)

袖（2枚）

(1.5)

(1.5)　(1.5)

(3)

わ

(1.5)

(1.5)

(4)

310/310/320/330 cm

表襟（1枚）

(4)

1

袖口ベルト（2枚）

後ろ見返し（1枚）

(1.5)

ポケット（2枚）

後ろ身頃（1枚）

前見返し（2枚）

わ

(1.5)

(4)

150cm幅

＊（　）内は縫い代。指定以外は1cm
＊▨ は裏に接着芯を貼る

縫い方手順

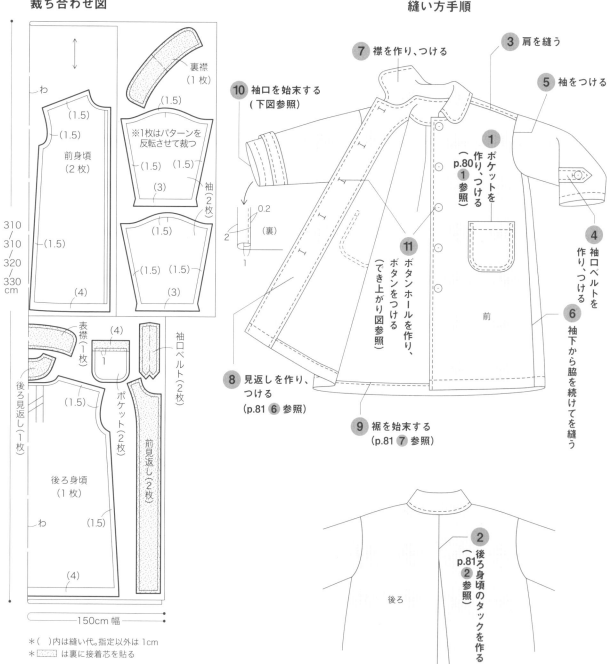

7 襟を作り、つける
3 肩を縫う
5 袖をつける
10 袖口を始末する（下図参照）
1 ポケットを作り、つける（p.80 **1** 参照）
4 袖口ベルトを作り、つける
6 袖下から脇を続けてを縫う
11 ボタンホールを作り、ボタンをつける（でき上がり図参照）
8 見返しを作り、つける（p.81 **6** 参照）
9 裾を始末する（p.81 **7** 参照）
2 後ろ身頃のタックを作る（p.81 **2** 参照）

前

後ろ

(裏)

0.2

2

1

③ 肩を縫う

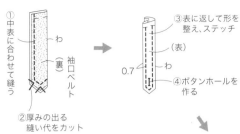

②2枚一緒に
ジグザグミシンを
かけ、
後ろ側に倒す

後ろ身頃(裏)

①中表に
合わせて縫う

前身頃
(裏)

③表からステッチ

後ろ身頃(表)

0.7

前身頃
(表)

④ 袖口ベルトを作り、つける

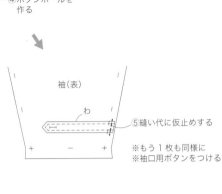

①中表に合わせて縫う

わ

袖口ベルト
(裏)

②厚みの出る
縫い代をカット

③表に返して形を
整え、ステッチ

(表)

0.7

わ

④ボタンホールを
作る

袖(表)

わ

⑤縫い代に仮止めする

※もう1枚も同様に
※袖口用ボタンをつける

⑤ 袖をつける

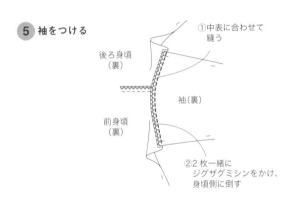

後ろ身頃
(裏)

①中表に合わせて
縫う

前身頃
(裏)

袖(裏)

②2枚一緒に
ジグザグミシンをかけ、
身頃側に倒す

⑥ 袖下から脇を続けて縫う

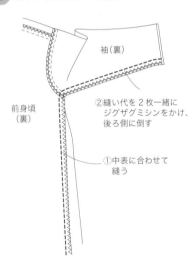

袖(裏)

前身頃
(裏)

②縫い代を2枚一緒に
ジグザグミシンをかけ、
後ろ側に倒す

①中表に合わせて
縫う

⑦ 襟を作り、つける

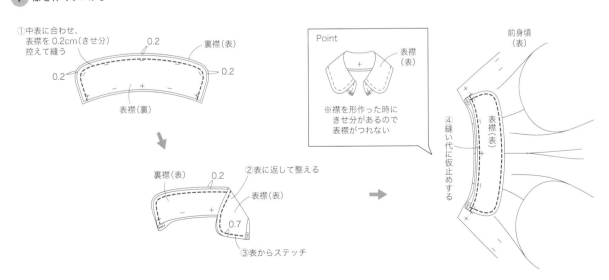

①中表に合わせ、
表襟を0.2cm(きせ分)
控えて縫う

0.2

裏襟(表)

0.2

0.2

表襟(裏)

裏襟(表)

0.2

②表に返して整える

表襟(表)

0.7

③表からステッチ

Point

表襟
(表)

※襟を形作った時に
きせ分があるので
表襟がつれない

前身頃
(表)

表襟
(表)

④縫い代に仮止めする

●実物大型紙　D面［21］　　1-前身頃、2-後ろ身頃、3-袖、4-フード、5-フード中央、6-ポケット、
　　　　　　　　　　　　　　7-フラップ

○**材料**（左からXS／S／M／Lサイズ）
　　洗いこまれたコットンキャンバス（ピスタチオ）…
　　　108cm幅×270／280／280／300cm
　　接着芯…40×70cm
　　ボタン…直径2.1cmを6個

○**でき上がり寸法**（左からXS／S／M／Lサイズ）
　　着丈…59／60／61／62cm
　　バスト…127／130／133／136cm

裁ち合わせ図

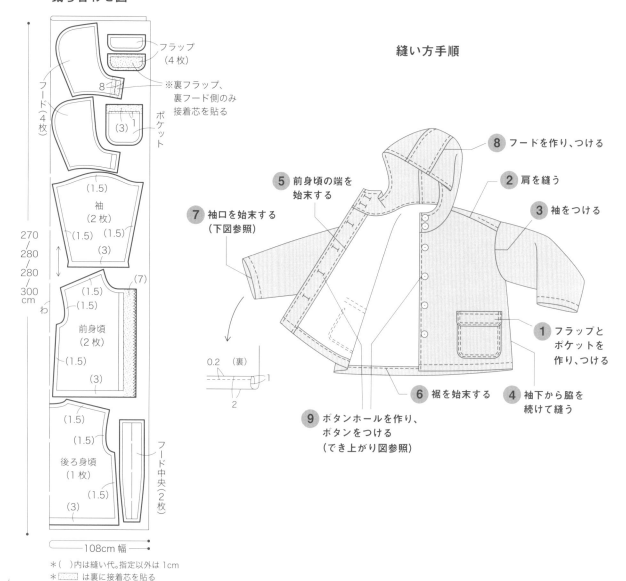

フラップ
（4枚）

※裏フラップ、
　裏フード側のみ
　接着芯を貼る

フード（4枚）

ポケット

袖（2枚）
(1.5) (1.5)
(1.5)
(3)

270
280
280
300
cm

わ

前身頃（2枚）
(1.5)
(1.5)
(7)
(1.5)
(3)

後ろ身頃（1枚）
(1.5)
(1.5)
(1.5)
(3)

フード中央（2枚）

─108cm幅─

＊（　）内は縫い代。指定以外は1cm
＊▨ は裏に接着芯を貼る
＊〰 はジグザグミシンをかける

縫い方手順

8 フードを作り、つける

5 前身頃の端を始末する

2 肩を縫う

7 袖口を始末する（下図参照）

3 袖をつける

0.2　（裏）
1
2

1 フラップとポケットを作り、つける

6 裾を始末する

4 袖下から脇を続けて縫う

9 ボタンホールを作り、ボタンをつける（でき上がり図参照）

1 フラップとポケットを作り、つける

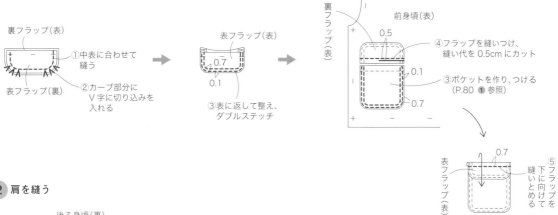

裏フラップ(表)

①中表に合わせて縫う

②カーブ部分にV字に切り込みを入れる

表フラップ(裏)

表フラップ(表)

0.7
0.1

③表に返して整え、ダブルステッチ

裏フラップ(表)

前身頃(表)

0.5

④フラップを縫いつけ、縫い代を0.5cmにカット

0.1

③ポケットを作り、つける(P.80 ❶ 参照)

0.7

表フラップ(表)

0.7

⑤フラップを下に向けて縫いとめる

2 肩を縫う

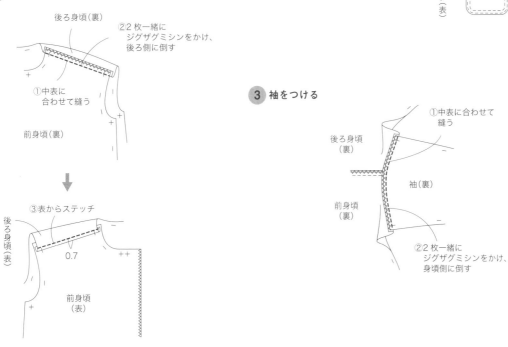

後ろ身頃(裏)

②2枚一緒にジグザグミシンをかけ、後ろ側に倒す

①中表に合わせて縫う

前身頃(裏)

③表からステッチ

後ろ身頃(表)

0.7

前身頃(表)

3 袖をつける

①中表に合わせて縫う

後ろ身頃(裏)

袖(裏)

前身頃(裏)

②2枚一緒にジグザグミシンをかけ、身頃側に倒す

4 袖下から脇を続けて縫う

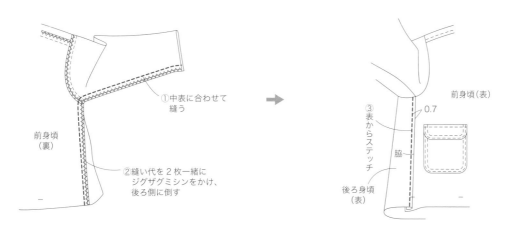

前身頃(裏)

①中表に合わせて縫う

②縫い代を2枚一緒にジグザグミシンをかけ、後ろ側に倒す

前身頃(表)

0.7

③表からステッチ

脇

後ろ身頃(表)

5 前身頃の端を始末する

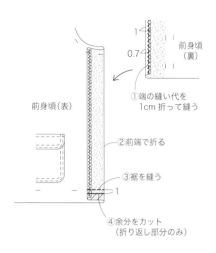

前身頃（裏）

1
0.7

①端の縫い代を
1cm折って縫う

前身頃（表）

②前端で折る

③裾を縫う

1

④余分をカット
（折り返し部分のみ）

6 裾を始末する

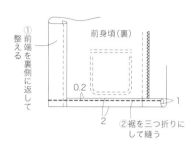

①前端を裏側に返して整える

前身頃（裏）

0.2

2

1

②裾を三つ折りにして縫う

8 フードを作り、つける

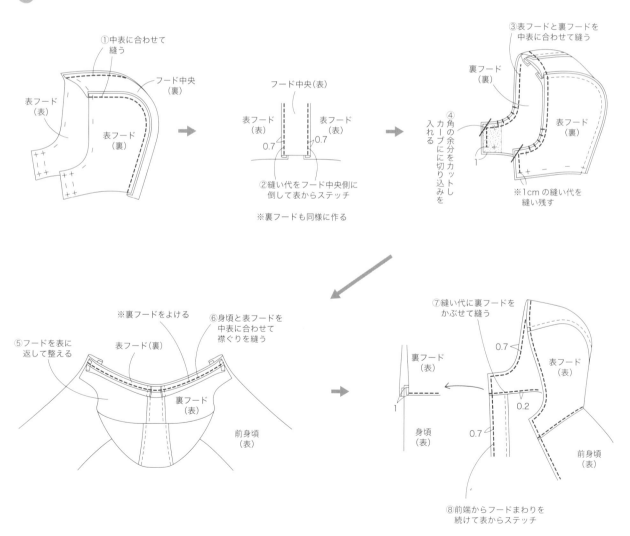

①中表に合わせて縫う

フード中央（裏）

表フード（表）

表フード（裏）

フード中央（表）

表フード（表）　表フード（表）

0.7　0.7

②縫い代をフード中央側に倒して表からステッチ

※裏フードも同様に作る

③表フードと裏フードを中表に合わせて縫う

裏フード（裏）

表フード（裏）

④角の余分をカットしカーブにに切り込みを入れる

1

※1cmの縫い代を縫い残す

⑤フードを表に返して整える

※裏フードをよける

表フード（裏）

⑥身頃と表フードを中表に合わせて襟ぐりを縫う

裏フード（表）

前身頃（表）

⑦縫い代に裏フードをかぶせて縫う

0.7

裏フード（表）

1

身頃

0.2

0.7

表フード（表）

前身頃（表）

⑧前端からフードまわりを続けて表からステッチ

アレンジ作り方ページ 索引

Pattern A   Pattern B   Pattern C

PatternA〜Cの共通パターンを使ってアレンジを楽しみたいとき、それぞれの作り方は下記を参照してください。

	作り方の参照ページ	備考
半袖	p.46-47 ②③④	ステッチを入れたい場合はP56②参照
ロールアップ半袖	p.52-53 ③④⑧	
長袖	p.44-45 ⑤⑥⑦	
シャツ袖	p.58-59 ②③④⑤	
パフスリーブ（5分）	p.50-51 ②③④	カフスの寸法は裁ち合わせ図参照
パフスリーブ（長袖）	p.68-69 ③④⑤	カフスの寸法は裁ち合わせ図参照
シャツカラー	p.56-57 ④⑤	
台襟つき襟	p.58-59 ⑨	
バンドカラー	p.64-65 ⑦	
ラウンドカラー	p.44-45 ②③	
フリル襟	p.68-69 ⑥⑧	フリル襟の寸法は裁ち合わせ図参照

その他応用可能な作り方 参照ページ

	作り方の参照ページ	備考
後ろあき（見返し）／布ループの作り方	p.61 ①②⑦	後ろボタンが面倒なときはループ止めにアレンジしてもOK
脇ポケットのつけ方	p.67 ⑦	
スリットの作り方①	p.57 ③	
スリットの作り方②（カーブ）	p.65 ⑤	
ギャザーの寄せ方	p.39 Point	

いろいろ
アレンジしよう

Mayuko Murata

村田繭子

2003年より"a sunny spot"として手づくりの服を紹介しはじめる。シンプルで作りやすく、おしゃれな大人服と女の子の服が人気を集めている。2人の女の子の母でもある。著書に「新装版　a sunny spot のおしゃれでかわいい女の子の服」「a sunny spot 女の子のまいにちの服」「a sunny spot 女の子のシンプルでかわいい服」（日本ヴォーグ社刊）がある。

https://www.instagram.com/a_sunny_spot/

Staff

撮影：清水奈緒
　　　深田卓馬（KADOKAWA）
スタイリング：野崎未菜美
ヘア＆メイク：AKI
モデル：岩崎癒音（身長162cm）

作り方解説：網田ようこ
トレース：加山明子
型紙グレーディング：（有）セリオ
型紙配置：八文字則子
校正：向井雅子
編集：宇並江里子

素 材 協 力

・生地の森　https://www.kijinomori.com/
　P.5　先染めリネンストライプ IN70047-1（ネイビー細）
　P.10　コットンライトキャンバス IN50594-5（カーキー）
　P.18　コットンローンワッシャー IN70089-15（ベージュ）
　P.24　洗いこまれたベルギーリネンローン 1/60 番手
　　　　IN50330-OW（オフホワイト）
　P.22　ラミーリネンビエラダメージダイド IN50674-3（モカ）
　P.30　洗いこまれたコットンキャンバス
　　　　IN50248-6（ピスタチオ）
・ソールパーノ　http://www.sunwell.jp
　P.14　コットン 16/2BD 天竺 11664-2-1（キナリ）
　P.15　コットン 16/2 天竺ボーダー 15631-8（アイボリー×ネイビー）
　P.16·29　タイプライター（ダンプ）9106-1-68T（ベージュ）
　P.13·29　60s コットンローン 22253-50（サラシ）　※スカートの裏布
　P.34　60/2 コットン／ポリエステル交織ギャバ 11232-2（ライトベージ…
・CHECK&STRIPE　http://checkandstripe.com
　P.6　C&S ナチュラルコットン HOLIDAY（チャコールグレー）
　P.8　C&S やさしいリネン（ミスティピンク）
　P.15·29　C&S やさしいリネン（赤）
　P.16　C&S 100そうギンガムチェック（黒）
　P.17　C&S やさしいリネン（アンティークホワイト）
　P.20　C&S ナチュラルコットン HOLIDAY（ブラック）
　P.26　C&S やさしいリネン（トープ）
　P.29·30　C&S フレンチコーデュロイ太うね（ヴァニーユ）
　P.32　リネンツイル（木いちご）

撮 影 協 力

・オムニゴッド代官山　TEL03-5457-3625
　P.12　デニムパンツ／オムニゴッド
・カメイ・プロアクト　TEL03-6450-1515
　P.15·17·30 スニーカー／ウォルシュ
・グラストンベリーショールーム　TEL03-6231-0213
　P.6·7·18·24·26·27　バレエシューズ／カットワース
　P.4·5　ハット／ノロ
　P.5·8·9 パンツ／オネット
　P.8·10·11·16·20·28 右·34　シューズ／サンダース
　P.11　スカーフ／ア ピース オブ シック・オーバーオール／
　　　　ヤーモ・バッグ／ノロ
　P.14　ハット／ヤーモ
　P.22·23　トートバッグ／ストライプカンパニー
　P.24　バッグ／アボキカ
　P.26·27　マルシェバッグ／ノロ・スカーフ／ア ピース オブ シック
　P.28　ハット／ヤーモポロシャツ／ピーターギーソン
　P.34　ネクタイ／ア ピース オブ シック
・ポーカーフェイス池袋店　TEL03-5391-8571
　P.10·18·19·22·23·28　メガネ／コウボウサク
・AWABEES
・JUKI販売株式会社
　P.38~40 で使用　家庭用ミシン HZL-EX7
　https://www.juki.co.jp/household_ja/products/list/home/
　hzlex7.html

ア　　サニー　　スポット
a sunny spot
シンプルで着やすい まいにち服

2021年 2月26日　初版発行
2021年 3月30日　再版発行

　　むら　た　まゆ こ
著者／村田繭子

発行者／青柳昌行

発行／株式会社KADOKAWA
〒102-8177　東京都千代田区富士見2-13-3
電話　0570-002-301（ナビダイヤル）

印刷所／大日本印刷株式会社

本書の無断複製（コピー、スキャン、デジタル化等）並びに
無断複製物の譲渡及び配信は、著作権法上の例外を除き禁じられています。
また、本書を代行業者などの第三者に依頼して複製する行為は、
たとえ個人や家庭内での利用であっても一切認められておりません。

●お問い合わせ
https://www.kadokawa.co.jp/（「お問い合わせ」へお進みください）
※内容によっては、お答えできない場合があります。
※サポートは日本国内のみとさせていただきます。
※Japanese text only

定価はカバーに表示してあります。

©Mayuko Murata 2021　Printed in Japan
ISBN 978-4-04-605101-1　C0077